I0073716

R.F.
IMPRIMÉS

8° V
2939

CONSTRUCTION ET EXPLOITATION D'UNE LIGNE SECONDAIRE D'INTÉRÊT GÉNÉRAL

LE CHEMIN DE FER

DE

VITRÉ A FOUGÈRES

ET A LA

BAIE DU MONT-SAINT-MICHEL

PAR

A. DORNÈS

Extrait des Mémoires de la Société des Ingénieurs civils.

PARIS

E. CAPIOMONT & V. RENAULT

IMPRIMEURS DE LA SOCIÉTÉ DES INGÉNIEURS CIVILS

6, rue des Poitevins, 6

1879

ÉTUDE TECHNIQUE

SUR LA CONSTRUCTION ET L'EXPLOITATION
D'UNE LIGNE SECONDAIRE D'INTÉRÊT GÉNÉRAL

LE CHEMIN DE FER

DE VITRÉ A FOUGÈRES

ET A LA BAIE DU MONT-SAINT-MICHEL

Par M. **A. DORNÈS.**

EXTRAIT des Mémoires de la Société des Ingénieurs civils.

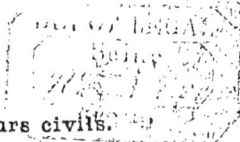

Au moment où la question des chemins de fer est plus que jamais à l'ordre du jour, nous avons pensé qu'il pouvait être intéressant de faire connaître quelques données exactes sur la construction et l'exploitation d'un chemin de fer, qui, par sa situation, son tracé et son trafic, peut être considéré comme représentant assez bien le type moyen de la plupart des lignes restant à construire pour compléter notre réseau de voies ferrées.

Cette étude nous a paru d'autant plus utile que, dans ces derniers temps, à l'occasion des débats parlementaires sur ces questions, les chiffres les plus contradictoires ont été cités, et que maintes fois nous avons pu constater nous-mêmes, la pénurie de renseignements exacts et pratiques sur la construction et l'exploitation des chemins de fer dits économiques.

Nous avons donc groupé en quelques tableaux, les renseignements statistiques sur les conditions techniques d'établissement, les frais de construction et d'exploitation de la ligne de Vitré à Fougères et à la

1

baie du Mont-Saint-Michel, dont nous dirigeons la construction et l'exploitation depuis 1873, en les faisant suivre de notes explicatives et de quelques considérations et observations pratiques sur les résultats obtenus.

Historique. — La ligne de Vitré à la baie du Mont-Saint-Michel se compose de deux sections distinctes au point de vue de la déclaration d'utilité publique et de la concession.

1° La section de Vitré à Fougères (37 kil.), déclarée d'utilité publique et concédée comme ligne *d'intérêt local*, le 30 août 1865.

2° La section de Fougères à Moidrey (44 kil.), concédée comme ligne *d'intérêt général* le 26 juillet 1868, et déclarée d'utilité publique le 22 décembre 1869.

Il en résulta des différences notables dans l'établissement de ces deux tronçons; nous les étudierons donc séparément au point de vue de leur construction :

Une Compagnie dite de « Fougères à Vitré » se forma, pour la construction et l'exploitation de la ligne de Vitré à Fougères et la mit en exploitation provisoire dès octobre 1867.

L'exploitation définitive commença le 1er avril 1868.

Le prolongement de Fougères à la baie du Mont-Saint-Michel fut concédé à la même Compagnie qui prit le titre de « Compagnie anonyme de Vitré à Fougères et prolongements ». Par cette nouvelle concession, la Compagnie acceptait le cahier des charges des lignes d'intérêt général, aussi bien pour la nouvelle ligne à construire, que pour celle de Vitré à Fougères qui devint alors par ce fait ligne d'intérêt général à partir du 1er janvier 1870.

Malgré la guerre de 1870-1871, la ligne de Fougères à Moidrey fut mise en exploitation provisoire le 1er janvier 1872 sur 18 kilomètres, et sur toute son étendue le 1er octobre suivant.

Situation topographique et conditions techniques d'établissement. — La ligne de Vitré à Fougères part d'une gare spéciale accolée à celle de la Compagnie de l'Ouest à Vitré, à la cote 88m,25 au dessus du niveau de la mer, passe la rivière « la Vilaine » sur un viaduc de 115 mètres de longueur, suit la vallée de la Vilaine pour passer ensuite dans celles de « la Pérouse » et de « la Cantache », puis, après avoir franchi la ligne de faîte de partage des eaux qui sépare le bassin de la Vilaine de celui du Couesnon à la cote 135ᵐ,32, redescend dans la vallée « du Couesnon » pour passer cette rivière à la cote 72ᵐ,92 et remonter ensuite à Fougères dont le niveau de la gare est à la cote 97ᵐ,01.

Pour des raisons d'économie, on a cherché autant que possible à éviter les grands mouvements de terre, aussi, sur cette section, le tracé est-il très accidenté en plan comme en profil, ainsi qu'on pourra s'en rendre compte par le tableau statistique des conditions techniques d'établissement.

La section de Fougères à la baie du Mont-Saint-Michel, construite à plus de frais, comme ligne d'intérêt général, présente un tracé où l'on rencontre une moins grande proportion de courbes de 300 mètres de rayon, et un profil où la proportion des pentes de 15 millimètres, est également diminuée. Cette ligne part de la gare de Fougères pour passer en tunnel sous la ville de Fougères, et remonter ensuite la vallée de la petite rivière « le Nançon » en s'élevant rapidement pour passer à la cote 160ᵐ,39 de cette vallée dans celle de la rivière « l'Oisance », qu'elle suit jusqu'à son confluent avec « le Couesnon » ; le tracé suit alors la vallée du Couesnon pour aboutir à Moidrey à la cote 7ᵐ,83.

La longueur totale des deux sections réunies est de 80,923 mètres.

De Vitré à Fougères, il y a une station et deux garages.

De Fougères à Moidrey, les stations sont au nombre de trois et il y a trois garages.

Les jours de marchés et de foires, les trains desservent aussi un certain nombre de haltes, trois entre Vitré et Fougères, une entre Fougères et Moidrey.

LIGNE DE VITRÉ A LA BAIE DU MONT SAINT-MICHEL.

Tableau des conditions techniques d'établissement.

DÉSIGNATION DES SECTIONS.	Longueur exploitée.	PLAN. LONGUEURS EN COURBES. En alignements droits.	De 1000 mètres de rayon et au-dessus.	De 950 m. de rayon à 550 m. de rayon.	De 500 mètres de rayon à 350 m. de rayon.	De 300 mètres de rayon et au-dessous.	Minimum du rayon des courbes.	Maximum de déclivité.	PROFIL. LONGUEURS EN DÉCLIVITÉS. En palier.	Inférieures à 5 millim. par mètre.	De 5 millimètres par m. à 9 mill.,9.	De 10 millimètres par m. à 14 mill.,9.	De 15 millimètres par m. et au-dessus.	PLAN. PROPORTION POUR 100. Des alignements droits.	Des courbes de 1000 mètres de rayon et au-dessus.	Des courbes de 950 à 550 mètres de rayon.	Des courbes de 500 mètres à 350 mètres de rayon.	Des courbes de 300 mètres de rayon et au-dessous.	PROFIL. PROPORTION POUR 100. Des paliers.	Des déclivités inférieures, à 5 millimètres par mètre.	Des déclivités de 5 millimètres à 9 mill.,9 par mètre.	Des déclivités de 10 millimètres à 14 mill.,9 par mètre.	Des déclivités de 15 millimètres par mètre et au-dessus.
SECTION DE VITRÉ A FOUGÈRES.	k. 36.761	m. 18641	m. 1767	m. 2523	m. 3989	(1) m. 8841	m. 250	mill. 16,3	m. 15793	m. 2751	m. 1941	m. 4822	m. 11443	0,535	0,048	0,069	0,108	0,240	0,430	0,075	0,053	0,131	0,311
SECTION DE FOUGÈRES-MOIDREY.	k. 44.162	m. 25863	m. 4132	m. 3861	m. 5524	(2) m. 4782	m. 250	mill. 15,0	m. 16874	m. 1850	m. 3339	m. 13411	m. 8688	0,587	0,093	0,087	0,125	0,108	0,382	0,042	0,075	0,304	0,197

NOTA. — (1) Sur la section de Vitré-Fougères, il n'y a que 1308 mètres en courbes de 250 mètres de rayon et 1000 mètres seulement de rampes de plus de 15 millimètres.

(2) Sur la section de Fougères-Moidrey, il y a seulement 249 mètres de courbes de 250 mètres de rayon.

Aux pentes ou rampes de 15 millimètres par mètre correspondent parfois des courbes de 300 mètres de rayon, mais jamais de rayons inférieurs à 300 mètres.

Les chiffres du tableau qui précède parlent suffisamment d'eux-mêmes pour que nous croyions inutile de les discuter ; nous nous bornerons seulement à faire remarquer que la principale différence entre les deux sections de Vitré-Fougères, et Fougères-Moidrey, réside surtout dans la proportion relative des différentes courbes et rampes, les alignements et paliers dans les deux cas restant à peu près dans la même proportion par rapport à la longueur totale des sections. Nous constaterons de plus que sur Fougères-Moidrey, on n'a pu éviter 1,626 mètres de courbes de 300 mètres de rayon coïncidant avec des pentes de 15 millimètres, ce qui rend l'exploitation de cette section aussi difficile au point de vue de la traction, que celle de Vitré-Fougères, où il y a 3,783 mètres de pentes de 15 millimètres en courbes de 300 mètres.

PREMIÈRE PARTIE

CONSTRUCTION ET DÉPENSES DE PREMIER ÉTABLISSEMENT.

Nous examinerons les principales conditions de construction et d'établissement des deux lignes en question au point de vue de leur prix de revient, en donnant quelques détails sur les travaux les plus importants, afin de mieux faire saisir les résultats obtenus.

Les dépenses ont été arrêtées au 31 décembre 1876, époque à laquelle on pouvait considérer les lignes comme complètement terminées. — Nous ferons de plus remarquer, que tous les chiffres cités ayant été relevés sur les livres de la Compagnie ainsi que sur les décomptes des entrepreneurs, sont d'une exactitude absolue.

Nous avons divisé cette étude par groupes généraux de dépenses, en mettant toujours en regard les deux sections de Vitré à Fougères et de Fougères à Moidrey.

Ces groupes généraux de dépenses sont : **Les Frais généraux, l'Infrastructure, la Superstructure, le Matériel d'exploitation, les Frais accessoires.**

FRAIS GÉNÉRAUX.

Les dépenses afférentes aux « frais généraux » se décomposent comme suit :

1° *Études préliminaires*, comprenant : Frais de concession, d'enquêtes, Études des tracés, etc.

2° *Frais généraux*, comprenant : Frais de Conseil d'administration, de Direction, Personnel de conduite et de surveillance des travaux, Frais de comptabilité, de déplacements, etc.

3°. *Frais divers*, comprenant : Frais de loyers, Contributions, Frais de bureaux, Dépenses de mobilier, chauffage, éclairage, etc., etc.

Ces dépenses sont réparties de la façon suivante :

DÉSIGNATION.	SECTION DE VITRÉ A FOUGÈRES.		SECTION DE FOUGÈRES A MOIDREY.	
	DÉPENSES totales.	DÉPENSES par kilomètre.	DÉPENSES totales.	DÉPENSES par kilomètre.
	fr.	fr.	fr.	fr.
Études préliminaires........	42.198 43	1.140 50	40.961 40	930.94
Frais généraux............	151.743 31	4.101 17	214.871 42	4.883 44
Frais divers.	29.957 70	809 67	32.713 00	743 48
Total..	223.899 44	6.051 34	288.545 82	6.557 86

Les différences entre les prix de revient de chacune des sections sont assez faibles pour qu'il n'y ait pas lieu de s'y arrêter ; nous appellerons seulement l'attention sur le bas prix de revient kilométrique de ces deux lignes, en ce qui concerne ce chapitre; il montre bien avec quelle économie les travaux ont été dirigés. La principale cause de cette économie doit être attribuée à la rapidité de leur construction; Vitré-Fougères construit en moins de deux ans et à partir de la déclaration d'utilité publique, Fougères-Moidrey construit en moins de trois ans, malgré une année perdue par suite de l'arrêt forcé dû à la guerre 1870-71.

INFRASTRUCTURE.

Les dépenses de l'infrastructure se répartissent de la manière suivante :

DÉSIGNATION.	SECTION DE VITRÉ-FOUGÈRES.		SECTION DE FOUGÈRES-MOIDREY.	
	DÉPENSES totales.	DÉPENSES par kilomètre.	DÉPENSES totales.	DÉPENSES par kilomètre.
	fr.	fr.	fr.	fr.
Terrains................	332.467 54	8.985 61	516.819 83	11.745 90
Terrassements..........	490.846 93	13.266 13	724.488 72	16.465 65
Ouvrages d'art..........	268.938 46	7.268 61	427.691 96	9.720 27
Maisons de gardes, clôtures, passages à niveau.......	63.372 01	1.712 76	52.929 62	1.202 95
Total........	1.155.624 94	31.233.11	1.721.930 13	39.134 77

Les dépenses *Terrains* comprenant : Frais d'enquêtes parcellaires, Frais d'expropriation, Frais d'acquisition de terrain, Indemnités diverses, etc., etc.

Les dépenses *Terrassements* comprenant : Frais de travaux de terrassements à l'entreprise et en régie, dérivations de cours d'eau, déviations de chemins, rampes d'accès des passages à niveau, rigoles et fossés, etc., etc.

Les dépenses *Ouvrages d'art* comprenant : Frais de travaux de maçonnerie à l'entreprise et en régie, terrassements pour fondations, épuisements, enrochements, tabliers de ponts métalliques, etc., etc.

Les dépenses *Maisons de garde, clôtures, passages à niveau* comprenant : Frais de construction de maisons de garde, frais de clôtures et plantations, barrières de passages à niveau, guérites, empierrement de passages à niveau, etc., etc.

Terrains. — *1° Section de Vitré-Fougères.* — Sur cette section, les terrains n'ont été achetés que pour une seule voie, et afin de diminuer encore la dépense, l'emprise a été tellement réduite que, dans la plupart des cas, on a éprouvé de grandes difficultés pour l'établissement des clôtures et la construction des rigoles pour l'écoulement des eaux.

La largeur du couronnement de la plate-forme a été également réduite à 5 mètres.

Quoique dans le pays traversé, les terrains n'aient qu'une valeur moyenne de 3 à 4,000 fr. l'hectare, la proportion des frais d'acquisition a été très augmentée par suite de l'expropriation de nombreuses maisons d'habitation pour l'établissement de la gare de Vitré. Le prix moyen de l'hectare, y compris les maisons d'habitation expropriées, s'est ainsi trouvé porté à 7,400 fr.

La largeur moyenne de l'emprise, non compris les gares, a été de $9^m,40$.

La superficie totale occupée par les gares a été de 5 hectares, 6 ares, 20 centiares, soit 17, 3 % de l'emprise totale.

Les chemins latéraux occupent une superficie de 5 hectares, 15 ares, soit 14, 7 % de l'emprise totale.

Ils ont un développement de 14,640 mètres, soit 40 % de la longueur totale de la section.

2° *Section de Fougères-Moidrey.* — Les terrains ont été achetés pour deux voies, le profil étant du reste aussi réduit que peut le permettre le cahier des charges des lignes d'intérêt général qui régissait cette nouvelle construction.

Quoique l'on n'ait pas eu à payer de fortes indemnités pour expropriations d'habitations, le prix de la dépense par kilomètre est proportionnellement assez élevé, parce que dans le département de la Manche, traversé sur environ 10 kilomètres, les terrains ont une valeur beaucoup plus grande, qui atteint jusqu'à 10,000 fr. par hectare. Le prix moyen de l'hectare, tous frais compris, a été de 6,890 fr.

Sur cette section la largeur moyenne de l'emprise de voie courante, gares non comprises, est de 13ᵐ,64.

La superficie occupée par les gares est de 11 hectares, 40 ares, 05 centiares, soit 19 %ₒ de l'emprise totale.

La superficie des chemins latéraux est seulement de 3 hectares, 50 ares, soit 6 %ₒ de l'emprise totale, et ils n'ont qu'un développement de 11 kilomètres, soit 25 %ₒ de la longueur de la ligne entière.

Sur cette section en effet, on a créé un beaucoup plus grand nombre de passages à niveau, tant publics que particuliers, ce qui a réduit d'autant la proportion des chemins latéraux; il en résulte, il est vrai, une plus grande facilité de circulation pour les riverains, mais cela complique singulièrement le service de la sécurité et de la surveillance.

Terrassements. — 1° *Section de Vitré-Fougères.* — Le cube total des terrassements de plate-forme a été de 264,677 mètres cubes, soit 7ᵐᶜ,153 par mètre courant de voie; le prix moyen par mètre cube pour fouille, charge, transport, déchargement et régalage a été de 1 fr. 417.

Cela représente une dépense kilométrique de 10,137 fr. 51.

Ce cube total contenait une proportion de :

33 %ₒ de déblais de 1ʳᵉ classe (fouille à la pelle.)
57 %ₒ de déblais de 2ᵉ classe (fouille au pic et à la pelle.)
10 %ₒ de déblais de 3ᵉ classe (rocher.)

dont la fouille, charge et régalage étaient payés au prix moyen de :

0 fr. 45 pour la 1ʳᵉ classe.
0 fr. 72 pour la 2ᵉ classe.
2 fr. 60 pour la 3ᵉ classe.

Les travaux pour déviations des chemins, rampes d'accès de passages à niveau, dérivations de cours d'eau, travaux en régie et imprévus, compris dans ce chapitre, se sont montés à la somme de 3,128 fr. 62 par kilomètre.

2° *Section de Fougères-Moidrey*. — Le cube total des terrassements de cette section a été de 437,279 mètres cubes.

Soit 9me,96 par mètre courant de ligne.

Le prix moyen du mètre cube, y compris fouille, charge, transport, déchargement et régalage a été de 1 fr. 358.

Cela représente une dépense kilométrique de 13,504 fr. 60.

Ce cube total contient une proportion de :

77 pour 100 de déblais de toute nature, autres que ceux extraits à la poudre.

23 pour 100 de déblais extraits à la poudre.

La fouille, charge et régalage étaient payés :

0 fr. 58 pour les terrassements de 1re classe (terres de toute nature.)

2 fr. 38 pour les terrassements de 2e classe (rocher.)

Les travaux divers pour déviations de chemins et de cours d'eau, rampes d'accès, travaux imprévus et en régie, etc., etc. se sont élevés sur cette section à la somme de 2,961 fr. 05 par kilomètre.

Ouvrages d'art. — 1° *Section de Vitré-Fougères*. — Sur cette section les ouvrages d'art se répartissent de la façon suivante :

DÉSIGNATION.	Nombre.	En maçonnerie.	Avec tabliers métalliques.	Longueur ensemble entre les culées.	Longueur entre les têtes.
Passages sous rails.........	4	1	3	15^m.00	»
Passages sur rails..........	2	»	2	15 .00	15^m.40
Ponts de 5 à 20 mètres d'ouverture...............	3	»	3	18 .00	»
Ponts et aqueducs de moins de 5 mètres...............	62	48	14	59 .75	»

Ouvrages exceptionnels. — A la sortie de Vitré, sur la rivière

« La Vilaine », on a dû établir un viaduc en maçonnerie de 115 mètres de longueur sur 18^m,50 de hauteur moyenne.

La largeur au niveau de la plate-forme est de 4^m,70, et elle est de 7 mètres à la base.

Les piles intermédiaires sont au nombre de huit, reliées par des voûtes en plein cintre. — Les appareils des voûtes et pieds droits sont seuls en pierres de taille de granit, les parements du reste des maçonneries sont en maçonnerie dite « mosaïque. »

Le cube total des enrochements, tant en fondations que sur les tympans des voûtes et derrière les culées a été de. . . . . 541^{mc},82

Le cube total de béton, en fondation et sur les voûtes a été de. . . . . 675^{mc},28

Le cube total des maçonneries ordinaires a été de. . 3,728^{mc},80

id.　　　id.　　de granit . . . . 220^{mc},58

5,166^{mc},48

Soit [environ 45 mètres cubes par mètre courant, maçonnerie et enrochements compris.

Le prix total de l'ouvrage, y compris les cintres et travaux divers a été de 131,667 fr. 05, soit 1,145 fr. le mètre courant.

Le prix de base, (maçonneries ordinaires) a été de 18 fr. le mètre cube.

Comme autres ouvrages exceptionnels, il faut ajouter divers grands murs de soutènement pour l'établissement de la gare de Vitré, dont le cube total est de plus de 1,500 mètres cubes.

La dépense occasionnée par ces travaux exceptionnels représente près de 60 pour 100 de la dépense totale afférente aux ouvrages d'art.

Par suite des conditions du tracé, qui suivait autant que possible toutes les sinuosités du sol, on a eu recours à un emploi plus considérable de tabliers métalliques pour les petits ouvrages. — A part le lot d'entreprise comprenant la gare et la sortie de Vitré, le prix moyen du mètre cube de maçonnerie ordinaire a été de 13 fr. 25 pour tout le reste de la section.

2° *Section de Fougères-Moidrey.* — Sur cette section on a dû établir les ouvrages d'art suivants :

DÉSIGNATION.	Nombre.	En maçonnerie.	Avec tabliers métalliques.	Longueur ensemble entre les culées.	Largeur ensemble entre têtes.
Passages sous rails............	2	2	»	3m.50	»
Passages sur rails.............	3	2	1 (biais)	15 .00	37m,15
Ponts de 5 à 20 mètres d'ouverture...................	4	3	1	23 .00	»
Ponts et aqueducs de moins de 5 mètres.............	75	75	»	55 .00	»

Ouvrages exceptionnels. — 1° Un tunnel sous la ville de Fougères, percé dans des schistes granitiques assez durs pour qu'on ait pu laisser le rocher servir de pied droit, sans revêtement, sur une surface de 45 mètres carrés.

Ce tunnel a 282m,60 de longueur.

Le cube total de déblais a été de 9,807 mètres cubes, soit 34m,70 par mètre courant.

Ces déblais ont été payés sur la base de 20 francs le mètre cube en galerie et de 12 francs pour les pieds droits.

Le cube total des maçonneries a été de 2,434mc,42, soit 8m,60 par mètre courant, payées à raison de 22 fr. 34 le mètre cube de maçonnerie de voûte, et 16 fr. 07 le mètre cube de maçonnerie de pied droit.

La dépense totale de l'ouvrage s'est élevée à 202,243 fr. 74, soit 715 fr. 60 le mètre courant.

La hauteur du tunnel est de 5m,40 au-dessus du rail et la largeur entre pieds droits au niveau de la plate-forme, de 4m,50. — La voûte est en plein cintre.

2° Une tranchée couverte sur 83m,60 de longueur, pour soutenir des masses schisteuses qui avaient une tendance au glissement.

Le cube total des maçonneries a été de 1,660 mètres cubes, soit 20 mètres cubes par mètre courant, payées à raison de 12 fr. 37 le mètre cube, cintres non compris.

Le prix total de la voûte et des pieds droits a été de 27,092 francs, soit 326 fr. 40 le mètre courant.

La voûte est en plein cintre et les dimensions intérieures sont les mêmes que celles du tunnel de Fougères.

La tranchée qu'il a fallu couvrir avait elle-même donné lieu à un déblai de 30,606 mètres cubes, dont 28,106 à la mine; et le prix total du déblai, transport non compris, avait été de 70,074 fr. 95, soit 638 fr. 20 par mètre. Le prix total par mètre courant de tranchée couverte a donc été de 964 fr. 60. — Il eût été bien plus économique de faire un souterrain proprement dit qui aurait eu quelques mètres de plus que la tranchée couverte, mais aurait néanmoins, comme dépense finale, coûté moins cher.

Les dépenses de travaux exceptionnels sur cette section ont donc été d'environ 53 pour 100 des dépenses totales se rapportant aux ouvrages d'art. Ces grands travaux joints à une plus grande importance de la plupart des ouvrages, expliquent le prix de revient plus élevé de cette section, en ce qui concerne les ouvrages d'art, par rapport à la section Vitré-Fougères.

Sur cette section les maçonneries ordinaires ont été payées sur le prix moyen de 13 francs le mètre cube.

Maisons de garde, clôtures, passages à niveau. —

1° *Section de Vitré-Fougères.* — Sur cette section il y a sept maisons de garde, deux maisons de première classe servant de bâtiment de gare à deux garages et cinq maisons de deuxième classe.

Les maisons de garde de première classe ont un rez-de-chaussée et un étage, celles de deuxième classe n'ont qu'un rez-de-chaussée.

Les maisons de première classe ont coûté 4,260 francs, l'une, non compris le terrain, celles de deuxième classe sont revenues à 3,630 fr. chacune, terrain non compris.

Sur cette section il y a 57 passages à niveau :

15 passages gardés au moment du passage des trains et munis de de barrières.

.31 id. publics non munis de barrières et sur lesquels la circulation s'effectue aux risques et périls des passants.

11 id. concédés à des particuliers et munis de barrières toujours fermées.

———
57 Total.

Les 15 passages gardés comprennent : 2 passages de 10 mètres

—	—	2	id.	de 8	—
—	—	2	id.	de 6	—
—	—	9	id.	de 4	—

Les passages à niveau de 10 mètres sont munis de barrières roulantes en fer, les autres passages ont des barrières en bois à 2 vantaux.

Les passages publics non gardés ont tous 4 mètres de largeur et ceux concédés à des particuliers sont de 3 mètres.

L'espacement moyen des passages à niveau publics est de 804^m,35.

   id.   id.   de deux passages à niveau, y compris passages publics et particuliers, est de 650 mètres.

Les passages gardés, non munis de maisons de garde, sont pourvus d'une guérite pour abriter le gardien.

Ce nombre considérable de passages à niveau tient à la proportion relativement faible des chemins latéraux car, ainsi qu'on l'a dit, elle n'est que de 40 pour 100 de la longueur de la ligne.

Sur la plus grande partie de la section, par raison d'économie, les clôtures ont été laissées à la charge des riverains, qui ont reçu de ce fait une indemnité de 0 fr. 25 par mètre de clôture à exécuter ; mais il faut reconnaître qu'en général ces clôtures laissent beaucoup à désirer.

2° *Section de Fougères-Moidrey.* — Sur cette partie, il n'y a pas de maisons de garde, ce qui explique de suite la différence de prix avec la section de Vitré-Fougères, pour le même sous-détail de dépenses.

Sur cette section, il existe 126 passages à niveau.

20 passages gardés ou moment du passage des trains.

60   id.   publics sur lesquels la circulation s'effectue aux risques et périls des passants.

46   id.   concédés à des particuliers.

126 Total.

Sur les vingt passages gardés, il y en a sept de 6 mètres d'ouverture et treize de 4 mètres ; les barrières sont toutes en bois et à 2 vantaux.

L'espacement moyen des passages à niveau publics est de 557 mètres.

   id.   id.   de deux passages à niveau, y compris les passages particuliers, est de 350 mètres.

Il y a encore bien moins de chemins latéraux que sur Vitré-Fougères, d'où il résulte un rapprochement plus grand des passages.

Comme sur Vitré-Fougères, la plupart des clôtures ont été laissées à la charge des riverains qui ont reçu à titre d'indemnité 0 fr. 25 par mètre de clôture à faire.

SUPERSTRUCTURE.

Les dépenses relatives à la « superstructure » se sont réparties de la façon suivante :

DÉSIGNATION.	SECTION DE VITRÉ A FOUGÈRES.		SECTION DE FOUGÈRES A MOIDREY.	
	DÉPENSES totales.	DÉPENSES par kilomètre.	DÉPENSES totales.	DÉPENSES par kilomètre.
	fr.	fr.	fr.	fr.
Voie.	858.475 45	23.202 04	1.247.223 51	28.345 99
Ballastage.	221.262 57	5.980 07	186.689 03	4.242 93
Accessoires de la voie. . . .	62.203 24	1.681 17	145.742 81	3.312 34
Bâtiments.	97.348 61	2.631 04	135.071 30	3.069 80
Alimentation.	13.826 29	373 69	33.003 85	750 09
Remises et ateliers	43.517 76	1.176 16	39.901 77	906 86
Matériel fixe	33.053 94	893 34	42.028 75	955 20
Total.	1.329.687 86	35.937 51	1.829.661 02	41.583 21

Les dépenses *Voie*, comprennent : rails, traverses, crampons, éclisses, boulons, pose de voie, etc.

Les dépenses *Ballastage*, comprennent : extraction, transport et régalage du Ballast, soit en entreprise, soit en régie.

Les dépenses *Accessoires de la voie*, comprennent : changements et croisements de voie, avec leurs bois spéciaux de pose ; plaques tournantes ; pose et installation de ces appareils, soit à l'entreprise, soit en régie.

Les dépenses *Bâtiments*, comprennent : bâtiments des voyageurs, bâtiments des stations, halles, quais découverts, empierrements de cours, etc., etc.

Les dépenses *Alimentation*, comprennent : puits, estacades en bois ou en maçonnerie, machines élévatoires, grues hydrauliques, etc.

Les dépenses *Remises et ateliers*, comprennent : remises à machines et à wagons, fosses à piquer le feu, dortoirs des mécaniciens, bâti-

ments des ateliers et installation des voies d'ateliers, magasins généraux et dépôts, etc.

Les dépenses *Matériel fixe*, comprennent : disques et signaux, grues,
ponts à bascule, gabarits, installation de ces appareils, etc., etc.

Voie. — 1° *Section de Vitré à Fougères*. — Les rails sont en fer,
du type Vignole de 30 kilogrammes le mètre courant. L'éclissage est
fait par 4 boulons de 16 millimètres de diamètre. La voie est fixée sur
les traverses par des crampons carrés de forme pointue. Il y a une tra-
verse par mètre ; ces traverses sont en chêne du pays et ont les dimensions moyennes suivantes : 2^m,40, — 0^m,20, — 0^m,13.

La voie en place, la Compagnie fournissant le ballast et les traverses,
était payée à un entrepreneur sur la base de 16 fr. 25 le mètre courant ; et dans ce prix les rails étaient décomptés à 22 francs les 100 kilogrammes. Les traverses ont été payées 4 fr. 05 pour les traverses
ordinaires, et 5 fr. 50 pour les traverses plus fortes dites « *de joint.* »

Les voies accessoires des gares et stations se répartissent de la
façon suivante :

	Longueurs totales.	Longueurs utilisables.
Voies d'évitement.	1073^m,80	523^m,00
Voies de garage.	1730 ,00	1195 ,00
Voies de déchargement. . .	1437 ,00	1047 ,00
Total.	4240^m,00 .	2765^m,00

La proportion des longueurs totales de voies d'évitement, de garage,
de déchargement, par rapport à la longueur totale de la ligne est de
11,5 pour 100, proportion un peu faible, il faudrait au moins
15 pour 100.

La proportion de la longueur utilisable de voies accessoires, par rapport à la longueur totale de ces mêmes voies, est de 65 pour 100.

2° *Section de Fougères à Moidrey*. — Les rails sont en fer type
Vignole de 35 kilogrammes le mètre. L'éclissage se fait au moyen de
4 boulons de 19 millimètres. Les traverses sont en chêne du pays de
même dimension que Vitré-Fougères et également espacées de 1 mètre
d'axe en axe.

Les rails sont fixés sur les traverses par des crampons de 19 millimètres à section octogonale de 135 millimètres de longueur.

Les rails furent payés 223 francs les 1000 kilog. pour un premier marché (1870) et 253 francs pour une deuxième fourniture (en 1872).

Les éclisses ont été payées 23 francs les 100 kilogrammes, les crampons 36 francs et les boulons 38 francs.

Le prix moyen des traverses a été de 4 fr. 35 l'une. (Depuis cette époque la Compagnie a pu faire des marchés importants de traverses au prix de 4 francs et 3 fr. 85, mais, dans ces dernières années, les prix se sont relevés et actuellement la Compagnie les paie 4 fr. 25.)

La pose de la voie fut payée à l'entreprise 1 fr. 60 le mètre courant; avec les frais de régie et imprévus, le mètre courant est ressorti à 1 fr. 785.

Le prix, proportionnellement plus élevé de la « voie » sur cette section, est dû à l'augmentation du poids des rails, éclisses, boulons et crampons et à une plus grande proportion de matériel de voie laissé en approvisionnement.

Les voies d'évitement, de garage et de déchargement se répartissent sur cette section de la façon suivante :

	Longueurs totales.	Longueurs utilisables.
Voies d'évitement.	1142^m,00	622^m,00
Voies de garage.	780 ,00	530 ,00
Voies de déchargement. .	2912 ,00	2102 ,00
Total.	4834^m,00	3254^m,00

La proportion de la longueur totale de ces voies par rapport à la longueur totale de la section est de 11 pour 100; comme sur Vitré-Fougères, cette proportion est trop faible.

Le rapport de la longueur utilisable de ces mêmes voies à leur longueur totale, est de 67 pour 100.

Ballastage. — 1° *Section de Vitré-Fougères.* — Le ballast a 3^m,50 de largeur au niveau des rails et 0^m,40 d'épaisseur; en déduisant le cube des traverses, par mètre de voie courante, il devrait donc y en avoir 1^{mc},50, et, si on y ajoute 11,5 pour 100 pour les voies accessoires, on aurait 1^m,672 par mètre courant de ligne, stations comprises. Or, le cube réel du ballast employé, gares et stations comprises, a été de 2^m,11 par mètre courant. Cette augmentation est due à ce que les terrassements étant très irréguliers et de date trop récente, c'est avec

2

du ballast qu'on a dû combler les vides et compenser les irrégularités de la plate-forme.

Sur cette section, le ballast a été payé 2 fr. 75 et 2 fr. 47 suivant les lots.

Ce ballast est formé de sables granitiques et de schistes ardoisiers, ces derniers formant du reste un très mauvais ballast.

2° *Section de Fougères à Moidrey.* — Le profil du ballast sur cette section est le même que sur Vitré-Fougères, et, en tenant compte de la proportion des voies accessoires, on aurait un cube de $1^m,66$ par mètre courant, gares comprises. Le cube réel, d'après les métrés et décomptes, a été de $1^m,61$ par mètre courant de ligne, voies accessoires comprises. Il y a donc proportionnellement moins de ballast sur cette section, mais comme il est de meilleure qualité et que les rails sont plus lourds, la voie est néanmoins d'un entretien plus facile que sur Vitré-Fougères.

Le ballast, composé de sables granitiques et de cailloux roulés, a été payé à l'entreprise sur le prix de 2 fr. 75 le mètre cube [1].

Accessoires de la voie. — 1° *Section de Vitré-Fougères.* — Les installations des garages et même des gares de cette section étaient très primitives. Dans les garages, la voie d'évitement fut seule posée et elle sert en même temps de voie de déchargement ; c'est de cette pénurie d'aménagements que résulte le prix de revient kilométrique si peu élevé pour les dépenses de ce compte.

Lors du prolongement au delà de Fougères, on dut remanier à peu près entièrement la gare de Fougères, mais la disposition des aménagements antérieurs n'a pas permis de donner à cette gare toute l'extension désirable.

Sur cette section on a :

1 changement à 3 voies, dont le prix avec croisement, pose comprise, a été de 3,145 francs.

---

1. Sur la quantité de ballast portée dans les dépenses de ce compte, la Compagnie en a fait elle-même depuis la mise en exploitation environ 6,000 mètres cubes, dont le prix de revient a été de 0 fr. 85 par mètre cube, tous frais compris.

La fouille, charge, décharge et temps perdu, est revenue à 0 fr. 57 par mètre.

Les frais de traction (non compris usure du matériel), sont revenus à 0 fr. 28 par mètre. La distance moyenne de transport était de 13 kilomètres.

13 changements simples avec leurs croisements, payés 1,470 francs l'un.

Les bois de changements et croisements étaient payés à part 400 fr. par changement.

6 plaques tournantes de 4ᵐ,20 dont le prix a été de 3,650 francs chaque, pose comprise.

2 plaques tournantes de 3ᵐ,50 dont le prix a été de 3,200 francs chaque, pose comprise.

Si on cherche la proportion qui existe entre les dépenses de voies d'évitement, garages, déchargement, y compris les accessoires de la voie, et les dépenses nécessitées pour l'établissement de la longueur totale de voie principale, on arrive aux résultats suivants : la dépense kilométrique totale de voie est de 29,182 fr. 11, dont il faut déduire 11,5 pour 100 de voies accessoires, c'est-à-dire que le prix kilométrique de la voie courante seule, a été de 25,826 fr. 17, les voies accessoires ayant coûté 3,355 fr. 94 par kilomètre de ligne ; si, à ce prix de revient des voies accessoires, on ajoute le prix de revient des accessoires de la voie qui en sont le complément, on a le prix total kilométrique des installations des voies accessoires et aménagements de voies de gares, qui se trouve être de 3,355 fr. 94 + 1,681 fr. 17, soit : 5,037 fr. 11, représentant 19,5 pour 100 du prix kilométrique de voie courante.

Cette proportion est trop faible ; pour que les aménagements fussent suffisants, il aurait fallu que les dépenses correspondantes fussent dans les proportions de 24 à 25 pour 100 des dépenses de voie courante.

2° *Section de Fougères-Moidrey.*— Sur cette section les installations des voies accessoires des gares, quoique encore très rudimentaires, sont cependant beaucoup plus complètes. Chaque garage a une voie d'évitement et une voie de quai servant en même temps sur une certaine longueur de voie de déchargement ; les gares ont de plus d'assez longues voies spécialement destinées au déchargement des matières encombrantes.

Il y a 54 changements et croisements, payés, pose comprise, la Compagnie fournissant les bois, 1,700 francs et 1,850 francs, suivant les marchés.

9 plaques tournantes, payées 3,725 francs et 4,400 francs l'une, suivant les fournitures.

Si, pour cette section, nous faisons le même travail statistique que pour Vitré-Fougères, nous trouvons que la dépense kilométrique totale des voies a été de 32,587 fr. 82, de laquelle il faut déduire 11 pour 100 de voies de gares ; le prix kilométrique de voie courante a donc été de 29,003 fr. 16, les voies de gares ayant coûté 3,584 fr. 66, prix auquel il faut ajouter les accessoires de la voie, pour avoir la dépense kilométrique afférente aux aménagements des gares, qui est par suite de 3,584 fr. 66 + 3,312 fr. 34 = 6,897 francs, représentant 23,8 pour 100 de la dépense totale de voie courante proprement dite. Étant donné le nombre des stations de cette section, il aurait fallu que les dépenses d'aménagement de voies des gares et stations représentassent au moins 25 à 26 pour 100 des dépenses de voie courante.

Bâtiments des gares et stations. — 1° *Section de Vitré-Fougères.* — On y rencontre deux gares importantes : Vitré (gare de transit avec la Compagnie de l'Ouest), Fougères, puis une station et deux garages. L'espacement moyen des stations ou garages est de 9,250 mètres.

A part Fougères, où les bâtiments et aménagements sont à peu près suffisants, quoique très primitifs, les autres stations ne peuvent guère figurer que pour « mémoire. »

Dans les garages, le seul bâtiment de gare consiste en une maison de garde de 1re classe dont la dépense est portée dans l'Infrastructure, au chapitre « Maisons de Garde, » et il n'y a ni quais, ni halles.

Dans la seule station qui existe entre Vitré et Fougères, il y a un petit bâtiment de gare composé seulement d'un rez-de-chaussée, une guérite servant de lampisterie et une rampe pour embarquement de bestiaux.

Enfin, à Vitré, le bâtiment de la gare, qui du reste, n'avait été construit qu'à titre provisoire, est tout à fait insuffisant, le chef de gare ne peut même y être logé.

Dans cette gare, il y a un quai découvert de 104 mètres carrés de superficie et une petite halle couverte de 80 mètres carrés.

A Fougères le quai découvert a 240 mètres carrés et la halle à marchandise 224 mètres de superficie.

La surface totale des quais découverts de cette section est donc de 344 mètres, et celle des halles à marchandises 304 mètres.

Les halles ont 8 mètres de largeur, avec toit surélevé formant auvent sur la cour et sur la voie, elles ont coûté en moyenne 70 francs le mètre carré couvert, non compris le quai sur lequel elles sont établies, qui, comme les quais découverts, est revenu en moyenne au prix de 12 francs le mètre superficiel.

Cette simplicité d'aménagements explique le faible prix de revient en ce qui concerne les dépenses de ce chapitre ; avec quelques centaines de francs de plus par kilomètre, on eût pu facilement remédier à cet état de choses défectueux.

2° *Section de Fougères-Moidrey.* — Sur cette partie de ligne, il y a trois garages et 4 stations, non compris celle de Fougères.

L'espacement moyen des stations ou garages est donc de 6285^m,70.

Les bâtiments et aménagements des gares y sont beaucoup plus soignés que sur Vitré-Fougères.

Les bâtiments de gares sont en briques et pierres, et à deux étages.

Les bâtiments de garages ont coûté en moyenne 6,532 francs chaque.

Ceux des stations sont revenus en moyenne à 9,622 francs chacun.

Les stations sont pourvues de quais découverts et de halles, à l'exception de la station de Moidrey, où il n'y a que de longs quais découverts pour les dépôts des tangues ou sables marins qui en sont expédiés en grandes masses.

Les garages n'ont que des quais découverts ; un seul possède une halle de 80 mètres de superficie.

La surface totale des quais découverts est de 1,088 mètres, celle des halles à marchandises 440 mètres.

Le mètre superficiel de quai est revenu, comme sur Vitré-Fougères, en moyenne à 12 francs ; celui de halles à marchandises à 70 francs, quai non compris.

Ces aménagements sont en général suffisants.

Alimentation des machines, service de l'eau. — 1° *Section de Vitré à Fougères.* — Les réservoirs d'alimentation de 20 mètres cubes de capacité, sont montés sur des estacades en bois ; la machine d'alimentation est placée à l'intérieur de l'estacade.

Les réservoirs en place étaient livrés au prix de 3,080 francs chaque, et les machines élévatoires étaient payées 2,000 francs.

Les estacades ont coûté en moyenne 1,740 francs chaque.

Le prix moyen d'une installation a été de 6,913 fr. 15.

Il n'y a pas de grues hydrauliques isolées, les machines s'alimentent à un col de cygne fixé au réservoir au droit de l'estacade. C'est insuffisant, en cas de croisement de trains.

2° *Section de Fougères à Moidrey*. — Les réservoirs ont 25 mètres cubes de capacité et sont installés sur des estacades en pierre et briques de forme circulaire; la machine d'alimentation est dans l'intérieur de l'estacade. Les réservoirs en place, y compris leur tuyauterie et machine d'alimentation ont été payés 5,415 francs chaque. Une estacade en maçonnerie avec son puits, a coûté en moyenne 2,668 francs. La même estacade, avec puits et citerne filtrante de 70 mètres cubes est revenue à 5,130 francs. Les grues isolées, non compris la tuyauterie de communication ont été livrées au prix de 655 francs chaque. Le prix moyen d'une installation entière a été de 8541 francs. Il reste en approvisionnement un matériel complet d'installation non utilisé.

Remises et ateliers. — 1° *Section de Vitré-Fougères*. — La plupart des installations de cette section ayant dû être modifiées lors du prolongement de la ligne au delà de Fougères, nous ne pouvons qu'indiquer ce qui existait primitivement lors de la construction. On conçoit facilement que les dépenses de ce chapitre ont dû être proportionnellement plus élevées sur cette section, toutes les installations accessoires ayant été seulement augmentées et remaniées lors de l'extension de la ligne.

Il y avait à Vitré un dépôt pour une machine avec fosse à piquer le feu et dortoir pour le mécanicien. A Fougères, le dépôt était pour deux machines.

Il existait également à Fougères un atelier de réparations, ainsi que le magasin général de la Compagnie, et une remise pour six voitures.

2° *Section de Fougères-Moidrey*. — Sur cette section on a eu à construire une remise pour huit voitures et un dépôt pour deux machines; aux dépenses occasionnées par ces installations sont venues, il est vrai, s'ajouter celles résultant des modifications et agrandissement des aménagements de Fougères, mais cette section a néanmoins largement profité des installations faites précédemment pour Vitré-Fougères.

Nota. — Si l'on veut se rendre un compte plus exact de l'ensemble des dépenses de ce chapitre, il faut prendre la ligne entière sur toute son étendue, les deux sections étant réunies ; on trouve alors comme prix de revient kilométrique sur ce chapitre 1029 fr. 87 représentant :

Dépôts pour 8 machines, avec fosses à piquer le feu et dortoirs pour les mécaniciens.

Remises pour 14 voitures.

Atelier et halle de réparations occupant une surface de 400 mètres carrés.

Magasins occupant une surface couverte de 80 mètres carrés et un parc découvert de 360 mètres carrés.

Le prix moyen du mètre carré de dépôt de machines, y compris fosses à piquer le feu, a été de 49 fr. 50.

Le mètre superficiel de remise à voitures est revenu à 33 fr. 25 et celui du magasin couvert, y compris les installations de casiers et rayons à 42 francs.

Matériel fixe. — 1° *Section de Vitré à Fougères.* — Les disques de protection des gares sont d'un type très léger, analogue à celui de la Compagnie du Nord. Ils sont manœuvrés par un seul fil, avec contrepoids dans le milieu de la transmission et fonctionnent très bien en nécessitant peu d'entretien.

Ils ont été payés 820 francs l'un, y compris appareils, fils, poulies, supports et pose.

Sur cette section, il a été établi seulement trois grues de levage, une de six tonnes et deux de trois tonnes. Il avait été également acheté une grue roulante de quatre tonnes.

La grue de six tonnes avait été payée 5,505 francs, maçonnerie d'installation non comprise ; et celles de trois tonnes 3,665 francs chaque. Le prix de la grue roulante avait été de 7,500 francs.

Il n'avait été établi qu'un pont bascule de 15 tonnes à Fougères, payé à raison de 2,500 francs, maçonneries non comprises.

2° *Section de Fougères à Moidrey.* — Les disques-signaux et appareils de manœuvre installés sur cette section sont d'un type très simple, mais qui n'est pas à imiter. La manœuvre se fait au moyen de deux fils, ce qui demande beaucoup de soins et d'entretien, et ils fonctionnent généralement mal.

En place, toutes dépenses comprises, ils ont été payés 725 francs chaque.

Il a été établi trois grues de six tonnes, ayant coûté, maçonneries non comprises, 5,620 francs chaque.

Les maçonneries de chacune de ces grues sont revenues en moyenne à 1,630 francs.

Il y a quatre ponts à bascule de 20 tonnes, dont un avec appareil de calage pour permettre le passage des locomotives. Ils ont été payés en moyenne 1,820 francs l'un, tout montés, maçonneries de fondations et cadres en bois à la charge de la Compagnie.

Ces maçonneries, avec le cadre, sont revenues en moyenne à 856 francs, pour chaque pont.

Une installation complète d'une grue de six tonnes a donc coûté en moyenne 7,250 francs, et celle d'un pont bascule de 20 tonnes 2,676 francs.

MATÉRIEL D'EXPLOITATION.

Les dépenses relatives au *Matériel d'exploitation* se répartissent de la façon suivante :

DÉSIGNATION.	SECTION DE VITRÉ A FOUGÈRES.		SECTION DE FOUGÈRES-MOIDREY.	
	DÉPENSES totales.	DÉPENSES par kilomètre.	DÉPENSES totales.	DÉPENSES par kilomètre.
	fr.	fr.	fr.	fr.
Locomotives...........	83.087 93	2.245 62	130.140 00	2.957 73
Matériel grande vitesse...	62.285 67	1.683 40	137.602 10	3.127 32
Matériel petite vitesse....	39.780 00	1.075 33	343.395 85	7.804 45
Outillage de l'atelier.....	22.339 65	603 77	21.213 98	482 14
Approvisionnements divers	7.613 57	205 77	31.071 42	706 17
Mobilier et matériel des stations...........	13.619 96	368 11	14.812 69	336 65
Matériel de télégraphie...	4.376 15	118 27	9.149 46	207 94
Petit matériel et outillage de la voie..........	5.366 29	145 04	10.621 41	241 40
Total.........	238.469 22	6 445 31	698.006 91	15.863 80

Les dépenses *Locomotives*, comprennent : prix de revient des locomotives, avec leur outillage, crics, vérins, signaux, etc.

Les dépenses *Matériel grande vitesse*, comprennent : prix de revient des voitures à voyageurs et fourgons à bagages.

Les dépenses *Matériel petite vitesse*, comprennent : wagons à marchandises de toutes espèces.

Les dépenses *Outillage de l'atelier*, comprennent : machines-outils, moteur de l'atelier, installations diverses des machines-outils et des engins de l'atelier, outillage de l'atelier, etc., etc.

Les dépenses *Approvisionnements*, comprennent : pièces de rechange de toutes sortes.

Les dépenses *Mobilier et matériel des stations*, comprennent : mobilier et aménagements intérieurs des gares, appareils d'éclairage et signaux des gares et des trains, petites bascules de halles, agrès divers, bâches, prolonges, anspecks, ponts de chargements, etc.

Les dépenses *Matériel de télégraphie*, comprennent : appareils des stations, fils, pose et installations, les poteaux appartenant à l'État.

Les dépenses *Petit matériel et outillage de la voie*, comprennent : lorrys, pinces à riper, battes, marteaux, jeux de nivelettes, règles d'écartement, outils divers, lanternes et signaux, etc.

Locomotives. — 1° *Section de Vitré à Fougères.* — Pour l'exploitation de cette section, il n'y avait que trois locomotives-tenders d'un type tout spécial, à quatre roues couplées, dont nous dirons quelques mots plus loin.

Elles avaient été achetées au prix ferme de 30,000 francs chaque, prêtes à fonctionner, mais par suite de retard dans la livraison, le constructeur dut subir une retenue et elles ne sont, en réalité, revenues à la Compagnie qu'à 27,174 fr. 04 l'une.

2° *Section de Fougères à Moidrey.* — Les locomotives-tenders à six roues couplées qui furent achetées pour cette section, sont à mouvement extérieur du type de la Compagnie de Fives-Lille. Elles ont été payées 43,000 francs chaque.

Matériel grande vitesse. — 1° *Section de Vitré à Fougères.* — Le matériel grande vitesse se composait de :

4 fourgons à bagages, ayant coûté chacun 3,460 francs.

2 voitures mixtes à impériales couvertes, ayant 72 places dispo-

nibles (10 places 1re classe, 10 places 2e classe, 52 places 3e classe), et ayant coûté chacune 8,500 francs.

2 voitures mixtes, à 40 places (10 places 1re classe, 10 places 2e classe, 20 places 3e classe), ayant coûté chacune 7,200 francs.

3 voitures de 3e classe de 50 places, avec freins et guérites, ayant coûté chacune 5,325 francs.

2e *Section de Fougères à Moidrey.* — Le matériel grande vitesse qui fut acheté pour cette section se composait de :

6 fourgons à bagages, ayant coûté chacun 4,650 francs et 4,975 fr., selon les marchés.

5 voitures mixtes, 1re et 2e classes (20 places 1re classe, 20 places 2e classe), ayant coûté chacune 8,800 francs et 9,416 francs, selon les marchés.

2 voitures mixtes, 2e et 3e classe (20 places 2e classe, 30 places 3e classe), avec freins et guérites, ayant coûté chacune 7,490 francs.

7 voitures de 3e classe de 50 places avec freins et guérites, ayant coûté chacune 5,800 francs et 6,200 francs, selon les marchés.

Matériel wagons à marchandises. — 1° *Section de Vitré à Fougères.* — Sur cette section le matériel wagons était rudimentaire, les transports intérieurs étant à peu près nuls, et tout le trafic se trouvant être en provenance ou à destination de la Compagnie des chemins de fer de l'Ouest, celle-ci laissait son matériel chargé passer sur la ligne de Vitré-Fougères, suivant un tarif de location, ou même lui passait du matériel vide pour les expéditions qui devaient ensuite emprunter ses voies.

Le matériel se réduisait donc à :

6 wagons couverts de 8 tonnes de chargement, ayant coûté chacun 2,700 francs.

2 wagons couverts de 8 tonnes à freins, ayant coûté chacun 3,100 fr.

4 wagons plats à côtés tombants de 10 tonnes de chargement, ayant coûté chacun 2,135 francs.

4 wagons tombereaux de 10 tonnes de chargement, ayant coûté chacun 2,210 francs.

En fait, c'est au détriment de l'exploitation que ce matériel avait pu être ainsi réduit, puisqu'il fallait en louer à une Compagnie étrangère pour assurer le service des transports.

2° *Section de Fougères à Moidrey*. — Le trafic intérieur devant être plus considérable par suite de l'ouverture de cette section, on a dû se pourvoir de matériel de petite vitesse dans une plus forte proportion.

Le matériel acheté a été de :

10 wagons couverts de 10 tonnes de chargement, ayant coûté l'un, 3,600 et 3,852 francs, selon les marchés.

8 wagons couverts de 10 tonnes à freins, ayant coûté l'un, 4,100 et 4,387 francs, selon les marchés.

10 wagons tombereaux de 10 tonnes, ayant coûté chacun 3,000 francs.

3 wagons tombereaux de 10 tonnes à freins à vis, ayant coûté chacun 3,605 francs.

3 wagons tombereaux de 10 tonnes à freins à main, ayant coûté chacun 3,313 francs.

38 wagons plats, à côtés tombants, de 10 tonnes de chargement, ayant coûté l'un, 2,135 et 2,889 francs, selon les marchés.

12 wagons plats, à côtés tombants, de 10 tonnes et à freins, ayant coûté chacun 3,391 francs.

25 wagons plats, hauts bords, de 10 tonnes, ayant coûté chacun 2,900 francs.

Outillage de l'atelier. — 1° *Section de Vitré à Fougères*. — Pour cette section, l'outillage se composait de :

Une machine demi-fixe de deux chevaux, comme moteur d'atelier.

Une petite machine à percer.

Deux tours dont l'un à fileter, avec leurs transmissions.

Une forge à un feu avec son outillage.

Deux étaux avec l'outillage de deux ajusteurs, un marbre et une grosse meule.

C'était insuffisant, car on était obligé de faire faire toutes les grosses réparations à l'extérieur.

2° *Section de Fougères-Moidrey*. — Lors de l'ouverture de cette section, les dispositions de l'atelier furent complètement modifiées et l'outillage fut augmenté et complété par :

Un tour à roues de locomotives et wagons, de 800 millimètres de hauteur de pointes, avec ses transmissions et ses accessoires.

Un étau limeur à deux tables de 400 millimètres de course.

Une deuxième forge avec son outillage.

Un ventilateur pour six feux.

Une installation complète pour l'embattage et le désembattage des bandages.

Un outillage de petite chaudronnerie.

Un outillage de menuisier.

Trois étaux avec l'outillage de plusieurs ajusteurs.

C'est encore insuffisant dans bien des cas.

Le dépôt de Fougères est de plus pourvu d'une installation de six bascules Erhardt pour le réglage des ressorts de locomotives.

Nota. — Ce n'est qu'en réunissant l'outillage des deux sections que l'on peut juger de l'ensemble des installations qui, pour la section entière de Vitré à Moidrey, 81 kilomètres, représente 537 fr. 70 par kilomètre. Pour être complet, il aurait fallu que les dépenses eussent été d'environ 700 francs par kilomètre.

Approvisionnements divers. — 1° *Section de Vitré-Fougères.* — Les pièces de rechange et les approvisionnements divers livrés par le service de la construction à celui de l'exploitation ayant à peu près fait défaut sur cette section, on ne peut en parler que pour « mémoire. »

2° *Section de Fougères à Moidrey.* — Pour cette section, lors de la construction, on fit des approvisionnements plus complets qui furent même payés très cher, à cause de l'augmentation des matières premières à cette époque; ces approvisionnements étaient de plus trop considérables pour certaines pièces, car, ces dépenses sont pour ainsi dire accessoires et devraient plutôt être considérées comme des dépenses d'exploitation.

Mobilier et matériel des stations. — *Sections de Vitré à Fougères et de Fougères à Moidrey.* — Le mobilier et matériel des stations étant le même sur les deux sections, il n'y a pas lieu de faire de distinction au point de vue des dépenses.

Le mobilier des gares est aussi restreint que possible; la Compagnie est propriétaire de ses bâches et prolonges, qu'elle fait entretenir directement. L'éclairage a lieu à l'huile de colza, sauf dans les gares de Fougères et Vitré qui sont éclairées au gaz.

Matériel de télégraphie. — *Sections de Vitré à Fougères et de Fougères à Moidrey.* — Ainsi qu'on l'a vu, la Compagnie a eu seulement à supporter les frais de pose du fil et des appareils qui sont sa propriété, les poteaux étant fournis par l'État.

Les appareils sont à cadran du système Vinay. Les piles sont du type Leclanché.

Petit matériel du service de la voie. — 1° *Section de Vitré à Fougères.* — Le matériel d'entretien était, dans le début, très restreint et les mêmes outils servaient à plusieurs équipes. Depuis l'ouverture de la section de Fougères-Moidrey, les deux sections ayant été confondues, on fit une répartition générale des outils, mais comme Fougères-Moidrey était mieux approvisionnée, c'est en fait au détriment de cette seconde section que se compléta le matériel de la première.

2° *Section de Fougères à Moidrey.* — Sur cette section, les achats de matériel et d'outillage furent plus considérables, et, ainsi qu'on vient de le voir, une partie de ce matériel put même être reversé sur celle de Vitré-Fougères. C'est ce qui explique la proportion plus élevée des dépenses, cette augmentation étant due également à la plus-value très notable des fers au moment de la mise en exploitation de la section Fougères-Moidrey.

FRAIS ACCESSOIRES DE CONSTRUCTION.

Les *frais accessoires de la construction* se sont répartis de la façon suivante :

DÉSIGNATION.	SECTION DE VITRE A FOUGÈRES.		SECTION DE FOUGÈRES A MOIDREY.	
	DÉPENSES totales.	DÉPENSES par kilomètre.	DÉPENSES totales.	DÉPENSES par kilomètre.
	fr.	fr.	fr.	fr.
Frais d'escompte des subventions.	192.301 38	5.197 33	781.587 66	17.763 35
Intérêts des actions et obligations pendant la construction.	120.709 61	3.262 42	201.963 28	4.590 07
Pertes sur l'exploitation provisoire.	58.081 22	1.569 76	119.621 97	2.718 68
Total.	371.092 21	10.029 51	1.103.172 91	25.072 10

Les dépenses *Frais d'escompte des subventions* représentent la différence entre les sommes encaissées par la Compagnie, et le montant total des subventions qu'il a fallu escompter afin d'avoir des fonds pour commencer les travaux à brève échéance.

Les dépenses *Intérêts des actions et obligations* comprennent la totalité des intérêts payés pendant la construction jusqu'à la mise en exploitation définitive, ainsi que le portent les Statuts de la Société.

Les dépenses *Pertes sur l'exploitation provisoire* représentent l'excédant des dépenses sur les recettes du trafic, jusqu'au jour de la mise en exploitation définitive.

Frais d'escompte des subventions. — 1° *Section de Vitré à Fougères.* — Pour cette section les subventions se sont élevées à 1.401.600 francs ; — 800.000 francs de l'État et 601.600 francs du département et des communes. — Sur cette somme la Compagnie n'a encaissé en réalité que 1.209.298 fr. 62 et a subi par conséquent une perte de 192.301 fr. 38, soit 13,7 pour 100 du montant total des subventions.

2° *Section de Fougères-Moidrey.* — Pour cette section la subvention de l'État a été de 3.500.000 francs, payable en seize termes semestriels égaux.

La Compagnie obligée de se procurer immédiatement les fonds nécessaires à la construction n'a pu, en fait, encaisser que 2.786.412 fr. 69, et a perdu par conséquent 763.587 fr. 31, soit 21,8 pour 100 de la subvention totale.

Cette proportion de frais très élevée est due en partie aux événements de 1870 qui ont rendu très onéreuse pour la Compagnie la réalisation des capitaux.

Aux dépenses de ce chapitre on a ajouté une somme de 18.000 fr, 35 représentant le montant des impôts sur les titres.

Intérêts des actions et obligations pendant la construction. — 1° *Section de Vitré à Fougères.* — La concession est du 30 août 1865. La Société anonyme pour l'exploitation de la concession a été fondée le 18 avril 1866, la ligne a pu être ouverte le 6 octobre 1867, et l'exploitation définitive a commencé le 1er avril 1868. Grâce à cette rapidité de construction, les frais d'intérêts ont pu être très réduits et pour ainsi dire insignifiants : (3262ʳ,42 par kilomètre), ce qui montre bien quels résultats on peut obtenir dans une affaire loyalement administrée en dehors de toute idée de spéculation financière.

2° *Section de Fougères à Moidrey*. — La concession est du 26 juillet 1868. L'utilité publique en fut déclarée le 22 décembre 1869. Malgré les événements de 1870-1871 qui interrompirent les travaux, la première partie de la section sur 18 kilomètres a été ouverte le 1er janvier 1872 et la section entière le 1er octobre de la même année. L'exploitation définitive a commencé le 1er octobre 1873. Les frais d'intérêts (4590f,07 par kilomètre) ont été un peu plus élevés sur cette section que sur Vitré-Fougères, parce que les dépenses d'établissement ont été plus considérables et que les travaux ont été retardés par la guerre. Ces frais malgré cela sont encore bien réduits.

Exploitation provisoire. — 1° *Section de Vitré à Fougères*. — Ainsi qu'on vient de le voir, la période d'exploitation provisoire ne s'est étendue que du 6 octobre 1867 au 1er avril 1868, et encore, n'est-ce en réalité que le 1er janvier 1868 qu'un service régulier a été organisé sur cette section.

Les insuffisances de recettes par rapport aux dépenses ont été pendant cette période de 1,569 fr. 76 par kilomètre, chiffre élevé pour un laps de temps aussi court, et qui est dû principalement à de nombreuses dépenses contentieuses occasionnées par l'irrégularité du service dans cette première période d'exploitation, ainsi qu'à des frais d'entretien de voie plus élevés par suite de l'ouverture un peu prématurée de cette section.

2° *Section de Fougères à Moidrey*. — L'exploitation provisoire a duré du 1er janvier 1872 au 1er octobre 1873 pour 18 kilomètres, et du 1er octobre 1872 au 1er octobre 1873 pour le reste de la section.

L'insuffisance des recettes par rapport aux dépenses 2,718 fr. 68 par kilomètre proportionnellement moins élevée que pour l'exploitation provisoire de Vitré à Fougères est due à la plus-value très considérable des combustibles pendant cette période et, comme pour Vitré-Fougères, à des frais d'entretien considérables d'une voie trop neuve, sur laquelle des tassements se produisaient.

Nota. Si nous examinons l'ensemble de ces frais accessoires de construction sur les deux sections de Vitré à Fougères et de Fougères à Moidrey, nous les trouvons de 10,029 fr. 51 par kilomètre pour la première et de 25,072 fr. 10 pour la deuxième.

Nous croyons devoir appeler d'autant plus l'attention sur ces résultats, que l'on a vu dans ces derniers temps, des sommes de 100, 150,000 fr. et plus, par kilomètre, portées comme frais accessoires, au compte de premier établissement de lignes secondaires d'intérêt général, que l'État a dû racheter pour les sauver de la faillite. — Ces Compagnies, guidées surtout par la spéculation financière, loin de chercher à réduire les périodes de construction et d'exploitation provisoires, les prolongeaient au contraire par tous les moyens possibles, et ont ainsi précipité leur ruine.

CONCLUSIONS.

Résumant les différentes dépenses auxquelles a donné lieu la construction des deux sections que nous venons d'étudier, on arrive aux résultats généraux suivants :

DÉSIGNATION.	SECTION DE VITRÉ A FOUGÈRES.		SECTION DE FOUGÈRES A MOIDREY.	
	DÉPENSES totales.	DÉPENSES par kilomètre.	DÉPENSES totales.	DÉPENSES par kilomètre.
	fr.	fr.	fr.	fr.
Frais généraux.......	223.899 44	6.051 34	288.545 82	6.557 86
Infrastructure........	1.155.624 94	31.233 11	1.721.930 13	39.134 77
Superstructure.......	1.329.687 86	35.937 51	1.829.661 02	41.583 21
Matériel d'exploitation.	238.469 22	6.445 31	698.006 91	15.863 80
Frais accessoires.....	371.092 21	10.029 51	1.103.172 91	25.072 10
Total.......	3.318 773 67[1]	89.696 78	5.641.316 79[1]	128.211 74

1. *Nota.* — Le bilan du compte de premier établissement de la ligne entière arrêté au 31 décembre 1876, présente, par rapport aux chiffres donnés ci-dessus, un excédant des dépenses de 148,493 fr. 25. Cet excédant représente les frais du renouvellement général des traverses sur Vitré à Fougères, qui, par décision de l'assemblée générale des actionnaires du 26 mai 1873, ont été portés au compte de premier établissement, comme dépenses complémentaires de construction.

La première conclusion à tirer de ces chiffres est, qu'abstraction faite des frais accessoires d'escomptes et d'intérêts, qui n'ont qu'un rapport indirect avec les frais de construction d'un chemin de fer, on trouve que la section de Vitré-Fougères a coûté en fait, 79,667 fr. 27 par kilomètre. Et celle de Fougères-Moidrey 103,139 fr. 64 par kilomètre.

Ces chiffres représentent les dépenses de construction proprement dites, y compris frais généraux et matériel complet d'exploitation.

Si nous décomposons ensuite ces dépenses de construction et de matériel en *Infrastructure, Superstructure, Matériel d'exploitation* en répartissant les dépenses *Frais généraux*, entre ces trois principaux groupes de dépenses, on arrive aux résultats suivants :

DÉSIGNATION.	SECTION DE VITRÉ A FOUGÈRES. Dépenses par kilomètre.		SECTION DE FOUGÈRES A MOIDREY. Dépenses par kilomètre.	
Dépenses d'INFRASTRUCTURE.....	31.233ᶠ 11		39.134ᶠ 77	
Part de FRAIS GÉNÉRAUX, afférente à l'infrastructure.........	2.565 77	33.798ᶠ 88	2.655 93	41.790ᶠ 70
Dépenses de SUPERSTRUCTURE....	35.937 51		41.583 21	
Part de FRAIS GÉNÉRAUX, afférente à la superstructure.........	2.959 10	38.896 61 72.695ᶠ 49	2.826 44	44.409 65 86.200ᶠ 35
Dépenses de MATÉRIEL D'EXPLOITATION.................	6.445 31		15.863 80	
Part de FRAIS GÉNÉRAUX, afférente au matériel d'exploitation....	526 47	6.971 78 6.971 78 79.667 27	1.075 49	16.939 29 16.939 29 103.139 64

Voilà donc en résumé deux lignes exécutées dans un pays accidenté, et ayant nécessité la construction de plusieurs travaux d'art importants, qui, déduction faite des frais accessoires de réalisation et intérêts des capitaux, et déduction faite également du matériel d'exploitation proprement dit, ont coûté en réalité, par kilomètre, en travaux d'infra et de superstructure, l'une 72,695 fr. 49, l'autre 86,200 fr. 35.

Nous ne dirons pas évidemment, que ces deux lignes puissent être citées comme modèles et qu'elles ne puissent être critiquées à bien des points de vue, mais en fait, elles fonctionnent dans de très bonnes conditions depuis des années, et il eût suffi de dépenser quelques milliers de francs de plus par kilomètre, pour en faire des lignes excellentes, pouvant parfaitement suffire à un trafic de 10 à 15,000 fr. de recettes brutes par an et par kilomètre.

On est loin, comme on le voit, des chiffres de 150 à 200,000 fr. par kilomètre indiqués comme nécessaires pour l'exécution du réseau complémentaire de nos chemins de fer. Mais, il est très certain, que

3

des constructions aussi économiques ne peuvent être réalisées que par les Compagnies intéressées aux bénéfices de l'entreprise, et que des résultats de ce genre pourront être difficilement obtenus par l'État construisant directement. En se chargeant lui-même de l'exécution, l'État livrera peut-être des lignes plus finies, plus soignées, plus grandioses, mais qui coûteront aussi beaucoup plus cher, sans que, par la suite, l'exploitation en soit plus facile, et sans que le commerce ou le pays en retirent plus d'avantages que de lignes établies plus économiquement.

Évidemment, de grands abus financiers ont été commis par certaines Compagnies, dans l'établissement des chemins de fer secondaires, et, à ce point de vue, la construction du réseau complémentaire d'intérêt général, pour *le compte* de l'État, nous paraît être un grand progrès ; mais nous croyons, par contre, que la construction directe par l'État, en dehors de tout concours de Compagnies intéressées aux économies à réaliser, et qui seraient plus tard chargées de l'entretien et de l'exploitation des lignes qu'elles auraient construites, conduira aux mêmes mécomptes que ceux qu'amènerait l'exploitation des chemins de fer par l'État, si elle venait jamais à être mise en pratique.

DEUXIÈME PARTIE

EXPLOITATION.

L'exploitation générale a été répartie entre quatre services principaux :
Administration centrale et frais généraux ;
Mouvement et service des gares ;
Traction et matériel roulant ;
Voie et matériel fixe.

Nous examinerons séparément chacun de ces différents services pour la ligne entière, 81 kilomètres, tant au point de vue de leur organisation, que des dépenses qu'ils nécessitent, en étudiant en même temps les principales questions d'entretien que soulève l'exploitation d'une ligne à faible trafic et à profil et tracé accidentés.

ADMINISTRATION CENTRALE ET FRAIS GÉNÉRAUX.

Le Conseil d'administration a son siège à Paris, où sont également installés les services généraux de la comptabilité et du contrôle.

Un directeur de l'exploitation, ayant le titre d'ingénieur chef de l'exploitation, centralise tous les services techniques et sert ainsi d'intermédiaire entre le Conseil d'administration et les différents services de l'exploitation. Il est en même temps chargé de la direction de tous les travaux de construction qu'il peut y avoir à entreprendre.

Un secrétaire général est adjoint au Conseil d'administration, et la comptabilité est placée sous les ordres d'un chef de la comptabilité générale et du contrôle.

La caisse centrale est à Paris. Tous les autres chefs de service sont à Fougères.

Les dépenses de cette administration centrale se sont réparties de la façon suivante pendant les quatre dernières années :

DÉSIGNATION.	1874.		1875.		1876.		1877.	
	Dépenses par kilom. exploité.	Dépenses par train kilom.	Dépenses par kilom. exploité.	Dépenses par train kilom.	Dépenses par kilom. exploité.	Dépenses par train kilom.	Dépenses par kilom. exploité.	Dépenses par train kilom.
Frais de conseil d'administration, jetons de présence, ingénieur-chef de l'exploitation, déplacements, etc..	245f 33	0f,107	107f 20	0f,047	259f 13	0f,113	248f 71	0f,108
Frais de personnel du secrétariat général, de la comptabilité et du contrôle, caissier central, garçons de bureaux, garde-magasin, etc.	330 00	0 ,144	312 80	0 ,138	319 60	0 ,140	332 55	0 ,145
Frais divers, loyers, chauffage et éclairage des bureaux, imprimés, frais de bureau, etc.	102 01	0 ,046	100 94	0 ,045	85 20	0 ,038	75 67	0 ,034
Dépenses contentieuses, indemnités, etc..........	14 76	0 ,006	30 72	0 ,013	19 06	0 ,008	22 92	0 ,010
Total.........	692 10	0 ,303	551 66	0 ,243	682 99	0 ,299	679 85	0 ,297

Les variations de ces dépenses sont si peu sensibles d'une année à l'autre que nous ne nous y arrêterons pas, mais nous ferons seulement remarquer que la diminution des frais généraux en 1875 est due au désintéressement du Conseil d'administration qui, afin de ne pas augmenter les charges de la Compagnie, fit généreusement l'abandon de ses jetons de présence, abnégation qu'on ne saurait trop louer.

MOUVEMENT ET SERVICE DES GARES.

Cette partie du service de l'exploitation comprenant : *Mouvement, Service et personnel des gares, Trafic et service commercial*, est placée sous les ordres d'un chef de service spécial qui centralise en même temps comme caissier à Fougères les recettes de la compagnie, et auquel est adjoint un agent pouvant faire au besoin les suppléances de chef de gare.

Ce chef de service est agent spécial de la voie unique, et remplit en même temps les fonctions d'inspecteur commercial de l'exploitation.

Mouvement. — Il n'y a que trois trains mixtes réguliers par jour et dans chaque sens.

La longueur de la ligne ne permettant pas le service dit de « navette, » mais n'exigeant pas cependant, d'avoir plus de deux trains réguliers en marche à la fois, le service de conduite peut être assuré par un personnel de cinq conducteurs seulement. Chaque jour il y en a quatre en service et le cinquième est de réserve. Des hommes d'équipe des gares sont adjoints comme garde-freins supplémentaires quand cela est nécessaire, et c'est le conducteur de réserve qui est chargé de la conduite des trains facultatifs quand les besoins du service exigent qu'on en fasse circuler.

Ainsi qu'on le verra du reste par le tableau des dépenses, ce n'est que progressivement qu'on a pu arriver à cette extrême réduction de personnel des trains.

Le traitement des conducteurs varie de 13 à 1500 francs; ils ont 1 fr. 25 d'indemnité par nuit qu'ils passent en dehors de leur lieu de résidence habituelle.

Service des gares. — Le personnel des gares est également aussi restreint que possible.

Dans les garages où les recettes, tant en arrivages qu'expéditions, ne dépassent pas 20,000 francs par an, et où les grosses manutentions peuvent être faites par le commerce, il n'y a qu'un chef de garage. Les aiguilles de tête sont cadenassées et les leviers de manœuvre des signaux, placés à proximité du bâtiment de la gare, sont manœuvrés par le chef de garage.

Dans les garages plus importants, où le trafic dépasse 20,000 francs par an, arrivages et expéditions réunis, un homme d'équipe est attaché au garage.

Les stations où le trafic, arrivages et expéditions réunis, dépasse 50,000 francs, ont un personnel un peu plus complet qui se compose d'un chef de gare, d'un facteur enregistrant ou employé de bureau et de deux hommes d'équipe.

La gare de transit de Vitré et celle très importante de Fougères ont seules, un personnel plus complet de bureaux grande et petite vitesse, ainsi qu'un plus grand nombre d'hommes d'équipe.

Lorsque, par suite de circonstances imprévues, les gares viennent à manquer de personnel hommes d'équipe, le service de la voie, lorsque les travaux d'entretien le permettent, met des hommes à la disposition de l'exploitation, afin d'éviter autant que possible de prendre des supplémentaires.

Les chefs de gare sont logés, éclairés, chauffés.

Les traitements des chefs de garages varient de 1200 à 1400 francs.

Ceux des chefs de gare de 1500 à 2200 francs,

Les facteurs ou employés de bureau ont des appointements variant de 1080 à 1600 francs.

Les hommes d'équipe sont payés 840 et 900 francs. Les chefs d'équipe et préposés 1000 à 1200 francs.

Tous les agents de l'exploitation subissent une retenue pour habillement, la Compagnie ayant des fournisseurs attitrés avec lesquels elle règle directement. Le surplus des retenues mensuelles est restitué aux agents en fin d'année.

La Compagnie fournit gratuitement à tous ses agents les soins médicaux ainsi que les médicaments.

Pendant les quatre années 1874-75-76-77, les dépenses se sont réparties de la façon suivante pour le service des gares et du mouvement :

MOUVEMENT ET SERVICE DES GARES.

DÉSIGNATION.	1874. Dépenses			1875. Dépenses			1876. Dépenses			1877. Dépenses		
	par kilom.	par train kilom.	par tonne utile kilom.	par kilom.	par train kilom.	par tonne utile kilom.	par kilom.	par train kilom.	par tonne utile kilom.	par kilom.	par train kilom.	par tonne utile kilom.
Service central. . . . . Chef de service et bureau du chef de service, déplacements, service médical, etc.	fr. 75 66	fr. 0,0332	fr. 0,00182	fr. 77 33	fr. 0,0341	fr. 0,00183	fr. 77 21	fr. 0,0338	fr. 0,00165	fr. 84 15	fr. 0,0367	fr. 0,00172
Service des trains. . . . . . . Personnel des conducteurs, déplacements.	120 18	0,0527	0,00287	111 38	0,0491	0,00266	102 60	0,0449	0,00219	93 70	0,0409	0,00192
Service des gares. . . . . . Personnel des gares et personnel auxiliaire.	705 74	0,3097	0,01687	683 13	0,3012	0,01624	686 00	0,3007	0,01462	704 28	0,3075	0,01444
Frais divers. . . . . Entretien du matériel des gares, bâches, agrès divers, éclairage et chauffage des gares, éclairage des trains, télégraphie, imprimés, frais de bureau, etc.	161 95	0,0714	0,00384	191 68	0,0846	0,00456	208 34	0,0926	0,00449	245 02	0,1069	0,00502
Total.	1063 53	0,4670	0,02540	1063 47	0,4690	0,02529	1076 15	0,4720	0,02295	1127 15	0,4920	0,02310

Ainsi qu'on le voit les dépenses du service central ont toujours été en augmentant depuis 1874, ce qui est dû à la nécessité d'augmenter les traitements des agents, dont le service devenait tous les jours plus chargé. Les dépenses de 1877 peuvent du reste être considérées comme un maximum, à cause des frais extraordinaires qui ont dû être faits à ce moment, à l'occasion d'un mouvement exceptionnel de voyageurs, se rendant au Mont Saint-Michel.

Les dépenses relatives au service des trains ont au contraire diminué d'une façon constante dans cette période de quatre années et sont arrivées à un minimum en 1877, grâce au roulement organisé pour le service des conducteurs dont nous avons parlé plus haut.

Le personnel du service des gares, qui avait pu être quelque peu réduit pendant les années 1875 et 1876, a dû être augmenté en 1877 par suite des exigences du trafic, mais on peut constater du reste que les frais de ce personnel ont toujours été en décroissant par rapport à la tonne utile transportée à un kilomètre.

Les frais divers ont toujours été en augmentant, ce qui est naturel, l'entretien et le renouvellement du matériel devenant de jour en jour plus considérables.

En résumé, les dépenses du service de l'exploitation commerciale se sont augmentées en proportion de l'accroissement du trafic, en restant très restreintes, sans toutefois que la régularité du service ait à en souffrir.

VOIE ET MATÉRIEL FIXE.

Ainsi qu'on l'a vu en s'occupant des conditions techniques d'établissement, la voie est en rails Vignole en fer de 30 kilogrammes le mètre sur Vitré-Fougères, et de 35 kilogrammes sur Fougères-Moidrey.

Les traverses en chêne sont espacées en moyenne de un mètre d'axe en axe. Sauf dans les courbes de 250 et 300 mètres de rayon ou sur Vitré-Fougères, l'écartement moyen a été réduit à 0m,85. On a dû renoncer sur cette dernière section à l'emploi de boulons de 16 millimètres avec écrous à 6 pans, à cause de la difficulté du serrage et de la faiblesse du corps des boulons, qui se cisaillaient constamment; on les a remplacés par des boulons de 17 millimètres avec écrous à têtes carrées. On a dû également renoncer à l'emploi des crampons carrés et pointus employés dans le principe; ces crampons ne tiennent pas dans les traverses et se renversent alors trop facilement sous les efforts latéraux auxquels la voie est soumise dans les courbes de faible rayon. On remplace au fur et à mesure des renouvellements ces crampons pointus par des crampons à section octogonale de 19 millimètres, type Paris-Lyon-Méditerranée, qui sont du reste les crampons employés pour la section de Fougères-Moidrey.

Dès 1873, c'est-à-dire au bout de cinq ans, on a déjà été obligé de faire un renouvellement général des traverses sur Vitré-Fougères, la voie, sur cette section, ayant été en très peu de temps disloquée par les machines plus lourdes et les trains plus longs qui y circulaient, depuis le prolongement de la ligne au delà de Fougères. Les traverses n'étaient pas, il est vrai, de première qualité, mais leur usure si rapide était due en grande partie à la mauvaise qualité du ballast et aussi à la flexibilité et au peu d'assiette de la voie Vignole de 30 kilogrammes.

Dans les alignements, la voie se tient encore assez bien, mais dans les courbes de faible rayon et surtout dans celles qui sont en pentes ou rampes, la dislocation de la voie est très rapide.

Comme dans les pentes, la vitesse des trains atteint normalement 40 à 45 kilomètres à l'heure, on avait, dans le début, donné aux courbes de 250 et 300 mètres de rayon des dévers de 13 et 12 centimètres. Ce dévers était trop considérable et lors du renouvellement on s'aperçut que c'était sous le rail intérieur que les traverses étaient le plus fatiguées. En effet, la plupart des courbes coïncidant avec des déclivités plus ou moins fortes, comme on est en voie unique, les trains ont des vitesses très différentes suivant le sens de leur marche. A la descente, les trains allant très vite, c'est le rail extérieur qui, sous l'action de la force centrifuge, supporte un effort latéral qui tend à le déverser mais qui est en partie annulé par le dévers donné à la voie, surtout si celui-ci est assez notable; au contraire, à la montée, les trains allant beaucoup moins vite, l'effet de la force centrifuge est très atténué; les boudins des roues viennent alors, par suite du dévers, porter sur le rail intérieur, qui se trouve d'autant plus fatigué qu'à cette action de la pesanteur, vient s'ajouter l'effort latéral résultant de la traction, qui tend également à faire porter les roues du train contre le rail intérieur.

Plus le dévers est accentué et la rampe prononcée, plus ces actions sont considérables.

On a donc réduit le dévers à un maximum de $0^m,08$ centimètres pour les courbes de 250 et 300 mètres de rayon. Le rail extérieur fatigue plus, il est vrai, à la descente, mais le rail intérieur supporte des efforts moins considérables à la montée des trains, et la voie est plus solide.

On a dû néanmoins augmenter le nombre des traverses dans les courbes de 250 à 300 mètres, qui coïncident avec des pentes ou rampes de 12 à 15 millimètres, doubler le nombre des crampons et en arriver enfin à mettre des selles en fer pour protéger les traverses, qui, en très peu de temps, étaient hachées au droit du sabotage, surtout avec les rails de 30 kilogrammes, qui ont un patin moins large et fléchissant davantage au passage des trains.

Ces phénomènes de dislocation rapide des voies par l'écrasement du sabotage des traverses, quoique moins sensible sur la section de Fougères-Moidrey où les rails sont plus lourds, moins flexibles et surtout les courbes moins prononcées, se font déjà sentir dès maintenant, c'està-dire après cinq ans de service, et occasionnent des renouvellements des traverses déjà importants, étant donné surtout le petit nombre des trains en circulation (trois par jour dans chaque sens.)

Sur les lignes à voie unique, où l'on rencontre des courbes de petits rayons et de fortes déclivités, même si le trafic doit y être peu important, il y a donc lieu, si l'on emploie le rail Vignole, d'augmenter, autant que possible, la surface de pose des rails sur les traverses, même quand elles sont en chêne, et cela principalement dans les courbes coïncidant avec des déclivités.

Depuis 1878, on a dû faire sur la section de Vitré à Fougères des renouvellements de rails plus sérieux et, par suite de la difficulté de se procurer des rails en fer de bonne qualité, la Compagnie s'est décidée à faire désormais tous ses renouvellements en rails d'acier de 30 kilogrammes, posés sur selles en fer dans les courbes, avec joints en porte à faux et neuf traverses par longueur de huit mètres.

On a commencé par renouveler toutes les courbes de 250 mètres de rayon, puis les plus mauvaises courbes de 300 mètres de rayon, et les rails en fer, sortant de ces courbes et pouvant être encore utilisés, sont triés et servent aux renouvellements partiels de la voie. On pourra donc en faisant ainsi des renouvellements successifs, éviter de se lancer dans les grosses dépenses d'un renouvellement général.

Ainsi qu'on l'a vu, dès 1873 on avait dû faire un renouvellement en grand des traverses sur Vitré à Fougères, en en laissant seulement une vieille sur sept dans les courbes et deux sur six dans les alignements. Ce renouvellement de traverses avait coûté 4,013 fr. 33 par kilomètre, y compris les traverses, main-d'œuvre et autres frais. Dans ce prix, la main-d'œuvre entrait pour 1,770 francs par kilomètre.

Entretien et surveillance de la voie. — Le service de l'entretien et de la surveillance est fait par un personnel spécial placé sous la direction d'un chef de service, qui centralise également les travaux de construction.

La ligne entière de Vitré à Moidrey est divisée en deux districts de 40 kilomètres, placés chacun sous les ordres d'un piqueur. Le personnel, *ouvriers*, se compose de 14 équipes de quatre hommes (un chef d'équipe et trois poseurs), chargées chacune de l'entretien et de la surveillance de six kilomètres environ. Les deux équipes dans le canton desquelles sont situées les gares de Fougères et Vitré, ont un parcours un peu moins long, à cause de l'augmentation de travail résultant de l'entretien de ces deux gares.

Cela représente donc en moyenne un homme par 1,500 mètres de voie courante à entretenir. Dans un pays aussi humide que la Bretagne, il ne paraît pas possible de descendre au-dessous de cette proportion comme personnel, si l'on veut que l'entretien de la voie soit à peu près convenable.

Le service de la surveillance est assuré le matin et le soir par un homme de chacune des équipes, qui fait le parcours entier du canton auquel il est attaché, c'est-à-dire environ six kilomètres. Ce parcours de surveillance est fait, autant que possible, en dehors des heures de travail de l'équipe, de façon que, pendant toute la journée, l'équipe soit au complet.

Le service des passages à niveau est aussi dans les attributions du service de la voie.

Tous les passages situés en dehors des gares, ceux même qui ne sont pas munis de maisons de garde, sont gardés par des femmes, au moment du passage des trains. Ce sont, exclusivement, des femmes d'agents de la voie.

Pour les passages pourvus de maisons de garde, le gardiennage est fait également par des femmes, mais sans rémunération aucune de la Compagnie, le logement indemnisant le garde de son travail.

Pour les autres passages gardés, au nombre de 27, qui n'ont qu'une simple guérite, il est alloué à la gardienne une indemnité de 200 francs par an, et nous devons constater que le service de ces passages à niveau est fait d'une façon très régulière, quoique les femmes qui les gardent ne soient pas à leur passage toute la journée, et habitent quelquefois fort loin du passage qu'elles ont à surveiller. Le service des passages situés aux abords des gares est fait par les agents de l'exploitation.

Les réparations de l'outillage des agents et du matériel de la voie se font à l'atelier de réparation de la Compagnie, qui exécute les travaux sur des bons de commandes et les facture ensuite au service de la voie.

Un petit atelier de menuiserie et de charronnage avec un ouvrier est chargé spécialement de toutes les réparations courantes à faire aux bâtiments, barrières, lorrys, etc., etc.

Le personnel de la voie vient en aide à l'exploitation dans les garages où il n'y a pas d'homme d'équipe, et toutes les fois, du reste, que par suite de circonstances exceptionnelles, le service de l'exploitation a besoin de renforts de personnel de manœuvres.

Il fait également les déchargements de combustible et autres manutentions du même genre, pour le compte du service de la traction et du magasin général.

Les chefs d'équipe sont payés 840 et 900 francs suivant leur classe, les hommes d'équipe 720 et 780 francs. Les heures supplémentaires sont payées 0 fr. 23.

Afin de donner une idée des frais de petit entretien courant, nous avons relevé les divers remplacements faits pendant ces deux dernières années sur la section de Fougères-Moidrey. La section de Vitré à Fougères étant beaucoup plus ancienne et ayant déjà subi des renouvellements en grand, ne pourrait servir d'exemple.

Fougères-Moidrey est en exploitation depuis 1872. Jusqu'en 1876, les renouvellements étant insignifiants, nous ne prenons les relevés qu'à partir de cette époque.

DÉSIGNATION.	1876.	1877.
Rails de 6m,00 par kilomètre et par an...	0r,70	0r,725
Boulons d'éclisses par kilomètre et par an..	1b,02	2b,325
Crampons par kilomètre et par an........	1c,85	2c,95
Traverses par kilomètre et par an........	0t,5	0t,925

Les relevés des six premiers mois de 1878 indiqueraient que les remplacements pendant l'année 1878 seront au moins doubles de ceux correspondants de 1877.

Les dépenses du service de la voie se sont réparties de la façon suivante pendant les années 1874, 1875, 1876, 1877.

DÉSIGNATION.	1874. Dépenses par kilom. de voie.	1875. Dépenses par kilom. de voie.	1876. Dépenses par kilom. de voie.	1877. Dépenses par kilom. de voie.
Service central................ Chef de service, bureau du chef de service, frais de bureaux, déplacements, chauffage, éclairage, service médical, etc.	48f 48	51f 17	59f 94	62f 43
Personnel d'entretien et de surveillance................. Piqueurs, personnel des équipes, gardiennage des passages à niveau, heures supplémentaires, déplacements, etc.	614 73	661 36	657 27	715 03
Petit entretien du matériel et de la voie..................... Pièces de rechange, petit entretien et entretien courant de la voie, entretien du matériel, outillage des équipes, etc.	18 14	13 44	23 88	41 82
Entretien des cours et bâtiments. Réparations diverses aux bâtiments, entretien des toitures, empierrement des cours et chemins d'accès, etc.	12 52	23 49	7 48	15 77
Dépenses totales.......	693 87	749 46	748 57	835 05

Les légères variations que l'on constate d'une année à l'autre dans les dépenses du service central et du personnel d'entretien de surveillance sont dues, en dehors de quelques augmentations de traitement, à ce que le service de la voie, exécutant beaucoup de travaux de parachèvement pour le service de la construction, et cela sans augmentation de personnel, le compte de construction en crédite à la fin de chaque année le compte de l'entretien, dont les dépenses sont diminuées d'autant.

Il faut donc compter sur une moyenne de 800 francs par kilomètre et par an pour frais généraux et personnel de la voie, si l'on veut obtenir un bon entretien d'une ligne analogue à celle que nous étudions.

Dans les dépenses d'entretien du tableau précédent, qui vont nécessairement en s'augmentant d'une année à l'autre, ne sont pas comprises les quelques fournitures de rails et traverses qui ont été prises dans les dépôts laissés par la construction, mais qui ont eu jusqu'ici peu d'importance pour la section de Fougères-Moidrey, ainsi qu'on l'a vu plus haut.

En se basant sur les résultats d'expérience obtenus sur la section de Vitré-Fougères, qui est en exploitation depuis dix ans, on peut évaluer à environ 1000 ou 1200 francs par an, et par kilomètre les dépenses de renouvellement en grand des rails, traverses et ballast, à partir de la cinquième année d'exploitation, sur une ligne établie et exploitée comme celle de Fougères-Moidrey.

Ce n'est donc pas sur une dépense de 8 à 900 francs par kilomètre et par an, mais sur un chiffre de 1800 à 2000 francs par an et par kilomètre qu'il faudrait compter, à partir de la cinquième ou sixième année d'exploitation.

Ces dépenses de renouvellement sont, du reste, très variables suivant la manière dont la voie a été établie lors de la construction, et, en réalité, ce n'est jamais une économie d'établir des voies trop légères, qui sont détériorées en quelques années, surtout sur des lignes à profil accidenté où l'on est dans la nécessité d'employer des machines de plus en plus pesantes, et d'avoir des trains de plus en plus longs, à mesure de l'accroissement du trafic.

MATÉRIEL ROULANT ET TRACTION.

Locomotives. — En étudiant les dépenses de premier établissement, on a vu que les locomotives dont faisait usage la Compagnie, étaient de deux types différents, les machines primitives de la section de Vitré à Fougères avaient 4 roues couplées, celles qui furent achetées pour la section de Fougères-Moidrey étaient plus lourdes et à 6 roues couplées.

Les principales données et dimensions de ces deux types de locomotives sont contenues dans le tableau suivant :

DÉSIGNATION.	LOCOMOTIVES à 4 roues couplées.	LOCOMOTIVES à 6 roues couplées.
Longueur de la grille.................	$1^m,000$	$1^m,242$
Largeur de la grille.................	$0^m,800$	$1^m,000$
Surface de grille.................	$0^{m2},800$	$1^{m2},242$
Hauteur du ciel du foyer au-dessus de la grille.	$1^m,300$	$1^m,300$
Nombre de tubes.................	138	125
Longueur des tubes entre les plaques.......	$2^m,485$	$3^m,950$
Diamètre extérieur des tubes.............	$48^m/_m$	$50^m/_m$
Surface de chauffe des tubes.............	$51^{m2},00$	$74^{m2},00$
Surface de chauffe du foyer.............	$5^{m2},00$	$6^{m2},00$
Surface de chauffe totale.............	$56^{m2},00$	$80^{m2},00$
Rapport de la surface de grille à la surface de chauffe totale.................	$\dfrac{1}{70}$	$\dfrac{1}{64}$
Diamètre moyen du corps cylindrique.......	$1^m,160$	$1^m,150$
Épaisseur de la tôle.................	$8^m/_m$ (acier)	$12^m/_m$ (fer)
Timbre de la chaudière.................	$8^{kg},00$	$8^{kg},500$
Approvisionnement d'eau.............	1 450 litres	3 900 litres
Approvisionnement de combustible........	$1 000^{kg}$	$1 200^{kg}$
Diamètre des cylindres.................	$0^m,300$	$0^m,400$
Course des pistons.................	$0^m,600$	$0^m,600$
Diamètre des roues.................	$1^m,270$	$1^m,300$
Diamètre des fusées des essieux.........	$0^m,160$	$0^m,150$
Écartement des essieux extrême.........	$3^m,000$	$2^m,850$
Poids de la machine vide.................	$18,000^{kg}$	$26,000^{kg}$
Poids répartis en service sur chaque essieu. { 1er essieu............	$11,000^{kg}$	$10,500^{kg}$
2e essieu............	$11,500^{kg}$	$9,000^{kg}$
3e essieu............	»	$12,500^{kg}$
Poids de la machine en service.............	$22,500^{kg}$	$32,000^{kg}$
Puissance de traction $\left(0,65\,\dfrac{p\,\delta^2\,l}{D}\right)$.......	1935^{kg}	$3,600^{kg}$
Adhérence $\left(\dfrac{1}{7}\text{ du poids total}\right)$..........	2571^{kg}	4571^{kg}
Rapport de la puissance de traction à l'adhérence.................	$\dfrac{1}{1,32}$	$\dfrac{1}{1,27}$

Les machines à quatre roues accouplées, construites spécialement pour la section de Vitré à Fougères, présentent une disposition particulière au point de vue de la transmission du mouvement. La bielle motrice actionne un faux essieu tournant librement dans deux paliers fixés d'une manière invariable au châssis de la locomotive. Les manivelles de ce faux essieu, équilibrées par des contre-poids, sont calées à angle droit et donnent le mouvement aux bielles d'accouplement des deux essieux de la machine. Les excentriques sont fixés sur un retour en porte à faux des manivelles de ce faux essieu. En d'autres termes, c'est un essieu moteur ordinaire, dépourvu de jante de roue et relié aux longerons d'une façon rigide.

Cette disposition eût été compréhensible si elle avait eu pour résultat de diminuer l'écartement des essieux. Mais, dans le cas actuel, où l'empatement de ces essieux est de trois mètres, il eût été plus pratique de mettre deux roues à cet essieu moteur, ce qui aurait diminué d'un tiers la charge portée sur les essieux d'avant et d'arrière ; quant à la meilleure transmission du mouvement, on serait arrivé à peu près au même résultat, en ne laissant pas de jeu latéral aux coussinets des boîtes à graisse de cet essieu moteur et en supprimant le boudin de ses roues, ce que nous faisons pour l'essieu moteur de nos machines à six roues accouplées.

Ce type de machines n'est donc pas à imiter, d'autant moins que n'ayant qu'un poids moyen de 22.500 kilog., elles manquent d'adhérence et ne peuvent remorquer des trains de plus de 80 tonnes (machine non comprise), sur une ligne accidentée comme celle de Vitré à la baie du Mont-Saint-Michel.

Ces machines sont à cylindre et mouvements extérieurs ; les longerons ainsi que la chaudière sont en tôles d'acier. Les caisses à eau sont à l'arrière de la machine.

Les trois autres machines à six roues accouplées sont aussi à mouvements extérieurs, mais avec caisses à eau placées latéralement. Elles ne présentent du reste, aucune disposition spéciale méritant d'être signalée.

Nous ferons seulement remarquer que ces machines, très pesantes, (32 tonnes en charge moyenne) qui, en service régulier, circulent très fréquemment dans des courbes de très petits rayons, avec des vitesses qui atteignent 40 et même souvent 50 kilomètres à l'heure, sont soumises à des dislocations qui nécessitent le renforcement des longerons au droit de l'essieu d'avant. Ainsi, les trois machines de ce type que possède la Compagnie ont toutes eu leurs longerons rompus en moins de quatre ans de service, et il a fallu les consolider au moyen de plaques de garde rapportées sur les longerons primitifs, qui avaient cependant 23 millimètres d'épaisseur.

Toutes les machines sont munies de freins à vis dont les sabots agissent sur les roues d'avant et d'arrière. Les machines à six roues sont de plus pourvues d'une installation de frein à vapeur Lechatelier.

Comme l'usure très rapide des bandages des roues joue un grand rôle dans l'exploitation d'une ligne aussi sinueuse que l'est celle dont nous nous occupons, nous en dirons quelques mots.

Dans le principe les bandages des roues de locomotives étaient en acier Bessemer, et ceux des roues de wagons, en fer. Mais comme c'est bien plus de l'usure des boudins que de l'écrasement de la table de roulement dont on a à se préoccuper, on a dû chercher une matière plus résistante que l'acier Bessemer pour la fabrication des bandages.

Une garniture de bandages en acier Bessemer n'arrivait pas à faire plus de 75 à 80,000 kilomètres, après n'avoir subi le plus souvent qu'un seul retournage, et encore n'arrivait-on à obtenir cette durée de parcours qu'en laissant les boudins s'user au-delà des limites d'épaisseur généralement admises.

On eut alors recours à des garnitures de bandages en acier Krupp ou Vickers, qui, malgré leur prix d'achat plus élevé, donnaient encore une économie, étant donné surtout la baisse de prix que ces matières ont subi depuis quelques années.

Si nous comparons deux garnitures de bandages en acier Bessemer et en acier fondu au creuset, tant au point de vue du prix de revient que du parcours effectué, on a les résultats suivants, en prenant les parcours moyens de chaque type de garniture.

1° Garniture de six bandages en acier Bessemer.

Prix d'achat 1,890 kilog. à 43 fr. 75 les 100 kilog.   826 fr. 90

Main-d'œuvre, frais de mise en place et de démontage, y compris un retournage. . . . .   228 fr. 00

1,054 fr. 90

A déduire 1,350 kilog. vieux bandages à 8 fr. les 100 kilog. . . . .   108 fr. 00

946 fr. 90

Soit pour un parcours moyen de 77,000 kilomètres, 0 fr. 01228 par kilomètre parcouru.

2° Garniture de six bandages en acier Krupp ou Vickers.

Prix d'achat 1,890 kilog. à 67 fr. 50 les 100 kilog. 1,275 fr. 75

Main-d'œuvre, frais de mise en place et de démontage, y compris *trois* retournages. . . . .   308 fr. 00

1,583 fr. 75

A déduire 1,320 kilog. à 8 fr. les 100 kilog. . . .   105 fr. 60

Reste net. . . . . . 1,478 fr. 15

Soit pour un parcours moyen de 160,000 kilomètres, 0 fr. 00924 par kilomètre parcouru.

Le parcours moyen de 77,000 kilomètres pour les bandages en acier Bessemer a été le résultat de la moyenne de parcours de cinq garnitures ayant fait de 86,000 à 66,000 kilomètres.

L'usure de ces bandages, qui avaient tous 60 millimètres d'épaisseur, était si rapide, que l'on ne pouvait faire qu'un seul retournage après un premier parcours moyen de 43 ou 45,000 kilomètres; après ce premier retournage, les bandages pouvaient encore parcourir 30 à 35,000 kilomètres et devaient être rebutés.

Les bandages en acier fondu Krupp ou Vickers mis aux mêmes machines et ayant même épaisseur ont donné en moyenne les résultats suivants :

Parcours effectué jusqu'au premier retournage. . 65,000 kilom.

id. id. entre le 1er et le 2e id. . . . 45,000 id.

id. id. entre le 2e et le 3e id. . . . 30,000 id.

id. id. entre le 3e retournage jusqu'au

rebut. . . . . 20,000 id.

Parcours total. . . 160,000 id.

Nous donnons le profil de deux bandages en acier Bessemer et Vickers ayant fait tous deux des parcours exceptionnels avant le premier retournage, afin de bien montrer l'usure de ces bandages.

Ainsi qu'on peut le voir, les boudins primitifs des bandages sont renforcés afin de présenter plus de durée, et nous avons de plus obtenu une usure plus régulière des tables de roulement, en leur donnant sur toute leur longueur une inclinaison uniforme d'un peu plus de 1/20. Nous avons été jusqu'à l'inclinaison de 1/16, qui nous a donné d'excellents résultats ; les bandages fatiguent ainsi beaucoup moins dans les courbes de faibles rayons et le déplacement des essieux se fait beaucoup plus facilement que quand le profil de la table de roulement présente des inclinaisons successives.

Comme c'est toujours l'essieu d'avant dont les boudins s'usent, ceux de l'essieu d'arrière restant presque intacts, il est indispensable que ces deux essieux puissent se substituer l'un à l'autre, si l'on veut avoir une bonne utilisation des garnitures de bandages d'une machine. Nous appelons d'autant plus l'attention sur ce point, que dans nos machines à six roues couplées, cette substitution ne pouvait se faire, et que nous avons dû modifier la disposition des bielles et des boutons de manivelle pour arriver à ce résultat.

Afin de diminuer autant que possible l'usure des boudins, nous avons appliqué à plusieurs machines des appareils destinés à lubrifier le boudin des roues de l'essieu d'avant, mais, jusqu'ici les résultats n'ont pas été assez complets pour que nous puissions donner des chiffres certains. Nous avons également adapté à l'essieu d'avant de plusieurs machines, divers systèmes dits de translation, mais nous devons reconnaître que l'importance des résultats obtenus n'a pas été en rapport avec l'augmentation de dépense et surtout de complication des installations.

On se borne désormais à laisser un jeu latéral de six à huit millimètres dans les coussinets de boîte à graisse de l'essieu d'avant et de quatre à cinq millimètres dans ceux de l'essieu d'arrière, en ne donnant aucun jeu dans les coussinets de l'essieu moteur, dont les boudins sont réduits de façon à ne jamais porter contre les rails, même dans les courbes les plus prononcées[1].

L'usure des tiroirs et des cylindres est également assez rapide, par suite de la nécessité où l'on est, sur une ligne à profil très accidenté, de marcher, tantôt régulateur ouvert, tantôt régulateur fermé, sans que les mécaniciens puissent entretenir en marche une bonne lubrification des surfaces flottantes, chaque fois que la locomotive est obligée de marcher à vide. On a donc dû se préoccuper d'un graissage automatique de ces organes. Après divers essais nous avons adopté, aussi bien pour les tiroirs que pour les cylindres, un graisseur d'une disposition très simple due à M. Rollin, chef du service de la traction de la Compagnie. Ce graisseur ne fonctionne que quand cesse l'introduction de la vapeur. La simplicité de cet appareil en rend l'usage très facile aux mécaniciens, qui le préfèrent à tous les appareils similaires. La dépense d'huile est moins grande qu'avec les anciens graisseurs à boules, et, la lubrification se faisant d'une manière régulière et continue, en l'absence du contact de la vapeur, on obtient de très bons résultats.

1. La conicité des bandages de cet essieu moteur est modifiée en conséquence.

Les Stuffinbox des tiroirs et cylindres de toutes les machines sont munis de garnitures métalliques, ce qui donne aux mécaniciens une très grande facilité d'entretien, résultat très important dans une exploitation économique.

Voitures et wagons. — A part les deux voitures à impériales à longerons en fer surbaissés, semblables aux voitures à impériales des lignes de banlieue de la Compagnie des chemins de fer de l'Est, toutes les autres voitures sont à longerons et châssis en bois sans impériales. Elles se rapprochent beaucoup des voitures de la Compagnie de l'Ouest. Les compartiments de première classe sont seulement de dix places, sans séparations ni accoudoirs.

Toutes ces voitures ont l'inconvénient inhérent à leur longueur, d'avoir leurs essieux très écartés, ce qui amène une usure plus rapide des boudins des roues, par suite du coincement des essieux, au passage des courbes de faible rayon.

Nous dirons également comme détail d'entretien, que les panneaux extérieurs portent un beaucoup trop grand nombre de moulures et baguettes en bois rapportées, qui sont une cause continuelle de réparations et augmentent en même temps les frais de peinture.

Quant aux wagons à marchandises, sous prétexte de diminuer le poids mort, mais surtout par raison d'économie dans les dépenses de premier établissement, la Compagnie commanda dans le principe des wagons plus légers que solides, et l'expérience de quelques années d'exploitation fit bientôt voir la faute commise. Sur une ligne comme celle de Moidrey à Vitré, où les principaux transports sont des transports de pierres et de sables de mer, des planches et portes en sapin n'ont pas fait un long usage et les frais d'entretien du matériel ont été fortement augmentés de ce chef.

De plus, afin de faciliter le passage dans les courbes, comme on avait diminué l'écartement des essieux sans diminuer la longueur des wagons, le porte-à-faux des longerons en bois s'est trouvé trop considérable aux extrémités des wagons, et les longerons se sont plus ou moins cintrés.

Surtout dans de petites exploitations où les frais de réparation sont toujours proportionnellement plus onéreux et où l'exiguité du matériel ne permet pas toujours de faire les réparations en temps utile, on doit s'appliquer à avoir un matériel très simple, mais très robuste, qui peut parfaitement être établi sans augmentation sensible de poids mort. L'augmentation de frais de premier établissement est bien vite compensée par l'économie d'entretien.

Aussi, dans ses dernières commandes et dans ses renouvellements, la Compagnie, tout en conservant les châssis en bois, a-t-elle adopté l'emploi des longerons en fer, en renforçant toutes les parties trop légères de son matériel.

Traction. — *Conduite*. — Le service de la traction est fait au moyen d'un roulement de quatre locomotives ayant chacune leur mécanicien et leur chauffeur. Deux machines sont toujours en circulation, la troisième fait la réserve, la quatrième est de dépôt pour les lavages et réparations courantes de petit entretien.

Le dépôt central des machines est à Fougères, au milieu de la ligne ; à chacune des extrémités, à Vitré et à Moidrey, il y a un dépôt avec dortoir pour les mécaniciens.

En outre de leurs traitements fixes, les mécaniciens et chauffeurs touchent des primes proportionnées aux économies qu'ils peuvent réaliser sur la consommation des combustibles.

Les trains ayant un tonnage très variable, les primes sont calculées d'après le tonnage kilométrique remorqué et non au kilomètre de train, comme cela se faisait avant 1873. Outre l'économie qui en résulte pour la Compagnie, cela offre encore l'avantage d'inciter les mécaniciens à remorquer les charges les plus lourdes, car les économies de combustible sont proportionnellement plus fortes lorsque les machines travaillent en pleine puissance que quand elles remorquent de faibles charges.

La quantité de charbon alloué, quelle que soit la nature du combustible, y compris allumages, stationnements, manœuvres dans les gares de moins de 30 minutes, est de 180 grammes par tonne kilométrique remorquée, en hiver, et de 150 grammes en été, le poids de la machine n'étant pas compris dans le tonnage kilométrique.

Quand une machine circule haut le pied, elle est considérée comme remorquant 20 tonnes.

La prime d'économie pour les mécaniciens est de 8 francs par tonne économisée ; il leur est au contraire retenu 5 francs, par tonne dépen-

sée en sus de l'allocation. Les primes ou retenues des chauffeurs sont
le tiers de celles des mécaniciens. Le chef du service de la traction est
également intéressé aux économies.

Il est aussi alloué des primes d'économie pour l'huile et les chiffons,
dont la consommation est fixée à 0 kilog. 025 d'huile et à 0 kilog. 015
de chiffons par kilomètre de train.

Le parcours moyen d'une machine est d'environ 30,000 kilomètres
par an; mais comme le service n'est fait que par quatre mécaniciens,
le parcours moyen annuel d'un mécanicien est de 45,000 kilomètres.

Les frais de conduite des trains, comprenant : Les salaires des mécaniciens et chauffeurs, les primes d'économie, l'éclairage des signaux
de machines, les fagots d'allumage des machines, le minium, suif,
chanvre, etc., servant au petit entretien des machines, se sont répartis
de la façon suivante entre les quatre dernières années d'exploitation :

DÉSIGNATION.	1874.	1875.	1876.	1877.
	fr.	fr.	fr.	fr.
FRAIS DE CONDUITE Par kilomètre de train................	0,1124	0,113	0,122	0,125
Par tonne kilométrique remorquée........	0,00193	0,00190	0,00187	0,00186

On voit que ces frais ont toujours été en diminuant d'une année à
l'autre par rapport à la tonne kilométrique remorquée, tandis qu'ils
augmentent par rapport au train kilométrique. Cela tient à ce que la
charge des trains ayant toujours été en croissant, les mécaniciens et
chauffeurs ont réalisé de plus fortes économies de combustible. La
charge moyenne kilométrique des trains a en effet passé de 58ᵗ,20 en
1874 à 66ᵗ,98 en 1877.

Combustible. — Vu l'importance capitale de la consommation des
combustibles, nous l'étudierons avec quelques détails.

Sur la ligne de Vitré à Mœidrey, la consommation de charbon pendant les cinq dernières années a été la suivante, cette consommation
comprenant le combustible dépensé pour traction, allumage, stationnements, manœuvres de gare.

DÉSIGNATION.	1873.	1874.	1875.	1876.	1877.
Consommation par tonne kilométrique remorquée, machine non comprise...............	0^{kg},1196	0^{kg},1113	0^{kg},1046	0^{kg},0968	0^{kg},1012
Consommation par kilomètre de train..................	7^{kg},556	6^{kg},477	6^{kg},207	6^{kg},320	6^{kg},780
Dépense par tonne kilométrique.	0^f,00578	0^f,00506	0^f,00420	0^f,00360	0^f,00335
Dépense par train kilométrique..	0 ,3655	0 ,2947	0 ,2495	0 ,2355	0 ,2247
Le prix moyen de la tonne de combustible étant de........	48^f,38	45^f,51	40^f,19	37^f,27	33^f,14

Le combustible employé se compose exclusivement de charbons anglais de la Manche de Bristol.

La diminution continue que l'on constate d'année en année, de 1873 à 1877, doit être attribuée en partie aux bons effets du système des primes d'économie inauguré dans le courant de 1873, et aussi à un meilleur entretien des machines, ainsi qu'à l'augmentation et à la meilleure répartition de la charge des trains.

La consommation exceptionnellement basse de l'année 1876 est due à l'emploi que l'on fit, pendant cette année, de briquettes d'excellente qualité; on dut néanmoins abandonner l'emploi de ce combustible, son prix de revient étant proportionnellement plus élevé que l'économie de consommation qu'il donnait. A part cet essai de briquettes, la qualité des charbons employés a été à peu près uniforme; ce sont des charbons maigres deux fois criblés et légèrement anthraciteux.

En résumé, c'est sur une consommation moyenne de 100 grammes par tonne remorquée que l'on doit compter sur une ligne comme celle de Vitré à Moidrey, tant que la charge moyenne kilométrique des trains ne dépasse pas 80 tonnes; nous avons pu constater, en effet, dans de nombreuses expériences, que, lorsque l'on atteint des charges kilométriques de 130 à 150 tonnes, la moyenne de consommation ne dépasse pas 0^k,070 par tonne kilométrique remorquée, machine non comprise.

Dans le mémoire si intéressant que M. Mallet a publié dernièrement sur les locomotives Compound de son système, cet Ingénieur se plaignant avec raison du peu de renseignements fournis par les Compagnies sur les résultats de leur exploitation, citait, d'après une note des *Annales des Mines*, la consommation de combustible sur notre ligne, comme ayant été de 106 grammes par tonne kilométrique remorquée.

On vient de voir que ce poids de 106 grammes est encore trop élevé, et que l'on peut admettre une consommation de 100 grammes avec des trains ayant une charge kilométrique moyenne de 70 tonnes.

Il nous a paru du reste intéressant de donner sur la consommation de combustible sur notre ligne quelques renseignements complémentaires pouvant être mis en regard des consommations obtenues avec les locomotives système Compound. En prenant les années 1875-1876-1877, comme années moyennes sur la ligne de Vitré-Fougères-Moidrey, on aurait la consommation suivante de combustible, en tenant compte du poids des machines dans les charges remorquées.

	1875.	1876.	1877.
Consommation de combustible par tonne kilométrique remorquée, en y comprenant le poids des machines....	0kg,0714	0kg,0672	0kg,0709

Il s'agit ici de consommation moyenne obtenue en divisant le poids total de charbon délivré aux machines pendant l'année par le tonnage kilométrique remorqué dans cette même année ; mais ces consommations étant très variables d'un mois à l'autre, surtout dans un pays humide comme la Bretagne, nous avons voulu nous rendre compte de ce que pouvait être la consommation, en ne considérant que les mois d'été, du 1er juin au 1er septembre, afin d'avoir des chiffres pouvant être mieux comparés à ceux obtenus dans les expériences faites avec les locomotives Compound, celles-ci ayant été faites pendant la belle saison et dans un climat relativement chaud.

Voici les résultats obtenus en divisant les poids de charbon délivrés aux mécaniciens par les charges remorquées pendant ces trois mois.

	JUIN, JUILLET, AOUT.		
	1875.	1876.	1877.
Consommation par tonne kilométrique remorquée, machine non comprise......................	0kg,0968	0kg,0880	0kg,0904
Consommation par tonne kilométrique remorquée, machine comprise......................	0 ,0677	0 ,0618	0 ,0674

Il n'y aurait donc pas un bien grand écart entre ces résultats et ceux obtenus avec les machines système Compound ; mais nous n'avons du reste pas cité ces chiffres pour infirmer en rien les résultats obtenus par l'application du système Compound aux locomotives, car il est certain que des résultats ne sont absolument comparables que quand ils ont été obtenus dans des conditions de fonctionnement identiques. Nous avons cru seulement utile de donner des chiffres certains obtenus dans des conditions déterminées [1], pouvant au besoin servir de terme de comparaison, avec l'espérance que des expériences comparatives concluantes seront tentées en mettant en service sur une même ligne des locomotives type Compound, parallèlement à des locomotives de même puissance, du système ordinaire. On ferait ainsi ressortir d'une façon indiscutable les avantages de ce nouveau perfectionnement, qui serait appelé à rendre de bien grands services aux petites lignes de chemins de fer, à trafic essentiellement variable, si les économies de combustible atteignaient en réalité dans la pratique une proportion quelque peu importante.

Graissage. — La lubrification des divers organes des machines se fait exclusivement avec de l'huile de colza soutirée. La consommation d'huile pour le graissage des machines a été la suivante, pendant les années 1874-1875-1876-1877.

		1874.	1875.	1876.	1877.
Consommation d'huile des machines pour graissage.	Par tonne kilom. remorquée...	0kg,000523	0kg,000497	0kg,000468	0kg,000479
	Par train kilom.	0 ,03042	0 ,02948	0 ,03050	0 ,03200
Dépense de graissage des machines.	Par tonne kilom.	0fr,000433	0fr,000427	0fr,000414	0fr,000482
	Par train kilom.	0 ,02518	0 ,02541	0 ,02699	0 ,03220

On voit que la consommation moyenne est d'environ 30 à 32 grammes par kilomètre de train, quoique l'allocation réglant la prime d'économie de graissage ne soit que de 25 grammes par kilomètre de train. La plupart des mécaniciens subissent donc des retenues de ce chef, ce qui tend à prouver que ce poids de 30 grammes par kilomètre de train

1. Les chiffres que nous donnons sont d'autant plus exacts, que, pendant cette période de trois années, les déchets de combustible constatés sur les livres de la Compagnie sont à peu près nuls, ce qui prouve que les pesées ont été faites très régulièrement.

ne peut guère subir de diminution sans risquer de compromettre le bon fonctionnement des organes.

Les voitures seules sont munies de boîtes à huile système Delannoy, les wagons sont munis de boîtes à graisse.

La consommation moyenne est de 2 grammes d'huile par train kilométrique moyen, contenant cinq essieux graissés à l'huile, soit $0^g,40$ par essieu à 1 kilomètre.

La consommation de graisse pour le service des trains (wagons à marchandises), a été la suivante pendant les quatre dernières années :

	1874.	**1875.**	**1876.**	**1877.**
Consommation de graisse par train kilométrique...............	$0^{kg},00716$	$0^{kg},00482$	$0^{kg},00340$	$0^{kg},00342$
Nombre moyen d'essieux graissés à la graisse par train kilométrique..	$10^c,12$	$10^c,36$	$11^c,30$	$11^c,76$
Consommation moyenne par essieu à 1 kilomètre................	$0^{gr},707$	$0^{gr},465$	$0^{gr},300$	$0^{gr},290$

L'excès de consommation que l'on peut constater dans les années 1874 et 1875 doit être attribué à ce qu'à cette époque, le levage et la visite des coussinets des wagons ne se faisaient pas d'une façon assez régulière et aussi à la grande quantité de transports de sablons de mer, dont la poussière impalpable pénétrait dans les boîtes à graisse et amenait fréquemment l'échauffement des fusées. Ces transports ayant diminué d'importance depuis 1876, et le levage des wagons se faisant très régulièrement depuis cette époque, la consommation est redevenue normale et même relativement faible.

Afin de compléter les renseignements relatifs au service de la traction, nous donnons quelques résultats statistiques sur le parcours, le tonnage et la composition des trains.

PARCOURS, TONNAGE ET COMPOSITION DES TRAINS.

DÉSIGNATION.	1874.	1875.	1876.	1877.
Parcours total des locomotives.............	186.240 kil.	184.000 kil.	186,650 kil.	186.848 kil.
Parcours total des trains.............	184.572 kil.	183.699 kil.	184.767 kil.	185.516 kil.
Nombre de trains par jour à distance entière (81 kilomètres).....	6t.24	6t.21	6t.23	6t.25
Nombre d'essieux par train moyen......	14c.56	14c.74	15c.84	16c.46
Nombre de voitures à voyageurs par train moyen......	2v.22	2v.19	2.27	2v.35
Nombre de wagons à marchandise par train moyen......	5w.06	5w.48	5w.65	5w.88
Tonnage kilométrique moyen, remorqué par train kilométrique......	58tk.20	59tk.33	65tk.23	66tk.98
Tonnage kilométrique grande vitesse par train kilométrique...... (Voyageurs, bagages, messageries, voitures à voyageurs, fourgons.)	23tk.50	23tk.90	24tk.44	26tk.08
Tonnage kilométrique total petite vitesse par train kilométrique...... (Marchandises petite vitesse et wagons à marchandises.)	34t.70	35t.43	40t.79	40t.90
Tonnage kilométrique *utile* petite vitesse par train...... (Marchandises petite vitesse par train à 1 kilomètre.)	16t.11	16t.04	17t.94	18t.49
Tonnage kilométrique *poids mort* petite vitesse par train...... (Wagons à marchandises remorqués à 1 kilomètre.)	18t.59	19t.39	22t.85	22t.41
Rapport entre le tonnage kilométrique *poids mort*, et le tonnage kilométrique *utile* par train kilométrique...... (Transports de petite vitesse.)	1,154	1,208	1,272	1,212

Vitesse et composition des trains. — Sur la ligne de Vitré à Moidrey, il ne circule que des trains mixtes réguliers. Leur vitesse moyenne, arrêts déduits, n'est que de 28 kilomètres à l'heure; cette vitesse, qui, au premier abord, paraît assez réduite, ne saurait être augmentée sans inconvénient, étant donné le profil accidenté de la ligne. En effet, si l'on tient compte du ralentissement nécessaire à l'arrivée et au départ de chaque station, et de 16,5 pour 100 environ du parcours dans chaque sens, en rampes de 15 millimètres, qui ne peuvent être franchies à une vitesse de plus de 15 à 20 kilomètres à l'heure, sans compter les autres rampes à gravir, il en résulte que, sur les pentes et paliers, on atteint en service normal des vitesses de 45 et 50 kilomètres à l'heure. Ces vitesses ne sauraient être dépassées sans danger, sur une ligne aussi sinueuse, où le rayon des courbes descend jusqu'à 250 mètres, d'autant plus qu'ainsi que cela a été dit plus haut, des raisons d'économie d'entretien de voie, ne permettent pas de donner aux courbes un devers de plus de 8 centimètres.

La charge maxima des trains en service régulier est de 80 tonnes brutes, non compris le poids de la machine, lorsque les trains sont remorqués par une machine à quatre roues accouplées, du poids de 22 tonnes. Les machines à six roues accouplées du poids de 32 tonnes peuvent, au contraire, remorquer des trains de 150 tonnes brutes. Ces limites de charge ne sauraient être dépassées, dans les sections où il y a à franchir des rampes de 15 millimètres coïncidant avec des courbes de faible rayon, ce qui crée à l'exploitation une sujétion parfois très onéreuse, quand le trafic devient quelque peu important.

Les trains ne contiennent que deux véhicules à freins avec serre-freins, quand le nombre de voitures ou wagons ne dépasse pas 12 ; au delà de ce chiffre, lorsqu'il y a des voyageurs dans le train, on ajoute un troisième frein.

Les trains mixtes réguliers ou les trains de voyageurs ne doivent pas contenir plus de 18 véhicules, fourgon compris. Pour les trains de marchandises, ce nombre maximum est porté à 24.

Entretien et réparations du matériel. — Dans les débuts de l'exploitation, toutes les réparations autres que celles de petit entretien courant, étaient faites par des constructeurs ou des ouvriers de la localité, et les pièces de rechange étaient commandées toutes finies aux divers fournisseurs. Ce système était très onéreux pour la Compagnie, aussi, en 1873, se décida-t-elle à installer à Fougères un véritable petit atelier de réparations, qui a permis de réaliser des économies très sérieuses sur l'entretien du matériel.

Ainsi qu'on a pu le voir aux frais de premier établissement, ce petit atelier qui, avec la halle de réparations, occupe une surface d'environ 400 mètres carrés, se compose de l'outillage suivant :

Un tour à roues de locomotives et de wagons, de $0^m,800$ de hauteur de pointes, avec tous ses accessoires, pour tourner les roues motrices et aléser les bandages.

Un tour à fileter de $0^m,250$ de hauteur de pointes.

Une machine à percer à plateau tournant.

Un étau limeur à deux tables de $0^m,400$ de course.

Un marbre à dresser.

Une grande meule.

Un établi pour ajusteurs avec cinq étaux et tout un outillage d'ajustage, de taraudage, de filetage, etc., etc.

Une forge à deux feux avec tout l'outillage de deux forgerons, enclumes, pinces, marteaux, étampes, etc.

Un gros étau à chaud.

Une grande forge circulaire desservie par six tuyères, pour le désembattage des bandages, servant également à chauffer les bandages pour l'embattage.

Une cuve à refroidir les bandages.

Une grue de deux tonnes desservant le four à embattre et la cuve à refroidir.

Tout un outillage pour l'embattage des bandages, chaînes, pinces, gabarits, etc.

Un ventilateur pour six feux soufflant les forges et le four à embattre.

La force motrice est donnée par une petite machine demi-fixe de deux chevaux.

La halle de réparations et l'atelier sont desservis par un chariot roulant à fosse, pouvant recevoir des machines.

Ce chariot dessert également un petit parc à roues, ainsi qu'un treuil roulant de 25 tonnes, servant au levage des machines et situé en plein air, en face de la halle de réparations, au-dessus d'une fosse, facilitant le montage et le démontage des machines.

A cet atelier est adjoint un petit atelier de menuiserie et de charronnage, avec son outillage, et un petit atelier de chaudronnerie et ferblanterie, avec une forge spéciale et tout l'outillage d'un chaudronnier-ferblantier.

Le personnel de l'atelier se compose :

D'un chef monteur, faisant en même temps fonctions de chef d'atelier, et travaillant toutefois comme ajusteur ;

De deux ajusteurs ; d'un tourneur avec un aide qui conduit le gros tour, ces deux ouvriers travaillant au besoin comme ajusteurs ;

De deux forgerons avec un frappeur, qui conduit en même temps la machine motrice de l'atelier ;

De deux ferreurs dont l'un fait fonctions de visiteur à Fougères ;

De deux manœuvres pour la réparation des wagons et machines ;

Enfin d'un menuisier et d'un chaudronnier-ferblantier.

Avec cet outillage et ce personnel des plus restreints, on arrive néanmoins à faire l'entretien du matériel roulant en y comprenant les grosses réparations, même celles de chaudronnerie.

Toutes les pièces de rechange sont commandées brutes aux forges et fonderies et sont finies et ajustées sur place.

Les réparations du matériel fixe sont également faites à l'atelier de Fougères, qui tous les six mois, en débite le compte de l'entretien de la voie et du matériel fixe ; il en est de même pour les réparations du matériel des gares, ponts, anspecks, cabrouets, etc., dont la dépense est portée au compte de l'exploitation proprement dite.

Le dépôt de Fougères, qui est contigu à l'atelier, est pourvu d'une installation de six appareils bascules Erhardt, servant au réglage des ressorts de locomotives, une bascule six ponts ayant été une dépense beaucoup trop considérable.

Ces appareils demandent quelques soins pour être mis en fonction, mais donnent d'excellents résultats en étant manœuvrés avec quelques précautions.

Au dépôt de Fougères est attachée une équipe de quatre à cinq nettoyeurs servant en même temps de manœuvres à l'atelier pour les grosses réparations.

Cette équipe fait également le service des chargements de combustible et les manutentions du magasin général.

Il y a de plus un visiteur à Vitré.

Le lavage et le nettoyage des voitures, ainsi que le service de l'éclairage des trains, sont faits à Moidrey par les hommes d'équipe de l'Exploitation.

Les dépenses de réparation et de petit entretien du matériel roulant, comprenant main-d'œuvre, pièces de rechange, matières premières, charbons de forge, charbon de bois, outillage, force motrice, etc., etc., se sont réparties de la façon suivante dans les quatre dernières années de l'exploitation.

DÉSIGNATION.	1874 par train kil.	1875 par train kil.	1876 par train kil.	1877 par train kil.
Entretien et réparation des machines.	fr. 0,07224	fr. 0,08816	fr. 0,09919	fr. 0,09145
Entretien et réparation des wagons.	0,02467	0,02997	0,02880	0,03590
Entretien et réparation des voitures.	0,00959	0,02368	0,00661	0,00745
Dépenses totales d'entretien et de réparations du matériel.	0,10650	0,14181	0,13460	0,13480

Les variations que l'on peut constater dans les dépenses de réparations de machines sont, en réalité, sans importance, et ne doivent être attribuées qu'à des causes accidentelles; du reste, sur un budget aussi faible, les plus petites dépenses sont sensibles. Tant qu'il n'y aura pas de remplacement de chaudière ou de foyer, ces dépenses de réparation de locomotives, ne dépasseront pas $0^f,10$ par train kilométrique.

Il n'en est pas de même des dépenses d'entretien de wagons et de voitures, qui vont toujours en augmentant d'une année à l'autre. La forte dépense que l'on constate sur l'entretien des voitures en 1875 est due à ce que cette année-là, on fut obligé de repeindre à neuf un grand nombre de voitures. A cette occasion, nous ferons remarquer que nous avons dû renoncer à vernir nos caisses de voitures. Les transports de chaux étant très importants sur la ligne de Vitré à Fougères et, tous les trains étant mixtes, les peintures de ces voitures étaient détériorées en quelques mois, par les poussières alcalines provenant des wagons attelés en avant des voitures à voyageurs.

Désormais, les caisses des voitures sont simplement recouvertes de fortes couches d'apprêt, sur lesquelles on passe trois à quatre couches de peinture à l'huile. C'est moins brillant et moins luxueux, mais bien plus résistant.

Frais généraux du service. — *Matériel et traction.* — Les frais généraux de ce service comprenant :

1° Service central (traitement du chef de service, qui fait en même temps les fonctions de chef de dépôt, dépense des machines de réserve et de secours, frais de bureaux, imprimés, service médical, etc.);

2° Service de l'eau (combustible, matières grasses, main-d'œuvre, entretien).

Se sont décomposés et répartis comme suit pendant ces quatre dernières années.

DÉSIGNATION.	1874.		1875.		1876.		1877.	
	Par train kil.	Par tonne kil.	Par train kil.	Par tonne kil.	Par train kil.	Par tonne kil.	Par train kil.	Par tonne kil.
Service de l'eau......	fr. 0,0079	fr. 0,000134	fr. 0,0070	fr. 0,000117	fr. 0,0065	fr. 0,000101	fr. 0,0063	fr. 0,000094
Service central........	0,0206	0,000355	0,0227	0,000384	0,0163	0,000357	0,0262	0,000391

Les dépenses relatives au service de l'eau ont donc toujours été en diminuant, à cause de la baisse continue des combustibles ; quant aux variations que l'on peut constater sur les dépenses du service central, elles sont dues principalement à des variations de traitement.

Résumant toutes les dépenses du service matériel et traction pour les années 1874-75-76-77, on arrive aux chiffres suivants :

DÉPENSES DU SERVICE « MATÉRIEL ET TRACTION »

DÉSIGNATION.	1874.		1875.		1876.		1877.	
	Par train kil.	Par tonne kil.	Par train kil.	Par tonne kil.	Par train kil.	Par tonne kil.	Par train kil.	Par tonne kil.
	fr.	fr.	fr.	fr.	fr.	fr.	fr.	fr.
Dépense de combustible....	0,29476	0,005060	0,2495	0,004200	0,2355	0,003600	0,2247	0,003350
Frais de conduite des trains.	0,11248	0,001930	0,1130	0,001900	0,1220	0,001870	0,1250	0,001860
Graissage des machines....	0,02518	0,000433	0,0254	0,000427	0,0269	0,000414	0,0322	0,000482
Graissage des trains......	0,00658	0,000107	0,0046	0,000080	0,0042	0,000074	0,0038	0,000052
Entretien et réparation du matériel roulant........	0,10650	0,001841	0,1418	0,002402	0,1346	0,001954	0,1348	0,001931
Service de l'eau.........	0,00790	0,000134	0,0070	0,000117	0,0065	0,000101	0,0063	0,000094
Service central.........	0,02060	0,000355	0,0227	0,000384	0,0163	0,000357	0,0262	0,000391
Dépenses totales.....	0,57400	0,009860	0,5640	0,009510	0,5460	0,008370	0,5530	0,008260

Ainsi qu'on peut le remarquer, les dépenses du service matériel et traction ont toujours été en diminuant, par rapport à la charge totale remorquée.

Afin que l'on puisse mieux se rendre compte des résultats généraux obtenus dans l'exploitation de la ligne que nous venons d'étudier, nous avons groupé en un seul tableau toutes les dépenses de l'exploitation par kilomètre de chemin exploité et par train kilométrique, pendant les quatre dernières années.

DÉSIGNATION.	1874.		1875.		1876.		1877.	
	Par kilomètre.	Par train kil.	Par kilomètre.	Par train kil.	Par kilomètre.	Par train kil.	Par kilomètre.	Par train kil.
Dépenses de l'Exploitation.								
	fr.	fr.	fr.	fr.	fr.	fr.	fr.	fr.
Administration centrale, frais généraux.	692 10	0,303	551 66	0,243	682 99	0,299	679 85	0,297
Mouvement, trafic, service des gares.	1063 53	0,467	1063 47	0,469	1076 60	0,472	1127 15	0,492
Matériel et Traction.	1307 86	0,574	1280 99	0,564	1245 57	0,546	1267 17	0,553
Voie. — Matériel fixe.	693 87	0,304	749 46	0,331	748 57	0,328	835 05	0,365
Total des dépenses de l'Exploitation.	3757 36	1,648	3645 58	1,607	3753 73	1,645	3909 22	1,707
Charges générales de la Cie.								
Frais de contrôle de l'État.	120 00	0,053	120 00	0,053	120 00	0,052	120 00	0,051
Impôts divers, patentes, assurances, etc.	117 96	0,052	120 83	0,053	111 52	0,050	113 02	0,050
Total des dépenses générales.	3995 32	1,753	3886 41	1,713	3985 25	1,747	4142 24	1,808

Ces dépenses d'exploitation, sensiblement les mêmes d'une année à l'autre, ne sont donc pas des résultats accidentels[1], et peuvent être considérés comme bien acquis à l'expérience, d'autant plus qu'ils ont été obtenus en service régulier, sans que la bonne expédition des

[1]. En 1878, les dépenses d'exploitation ont été les suivantes :

	Par kilomètre.	Par train kilométr.
Administration centrale et frais généraux.	690f 43	0f 301
Mouvement, trafic des gares.	1121 49	0 489
Matériel de traction.	1265 71	0 552
Voie et matériel fixe.	737 23	0 321
Total des dépenses d'exploitation.	3814 86	1 663
Charges générales.		
Frais de contrôle de l'État.	120 00	0 0512
Impôts divers, patentes, assurances, etc.	115 04	0 0508
Total des dépenses générales.	4049f 90	1f 7650

affaires ou l'entretien du matériel aient eu à en souffrir. C'est ce que constatent du reste les rapports officiels des fonctionnaires du contrôle de l'État; et, tout récemment encore, l'exploitation du chemin de fer de Vitré à Fougères a été citée comme type à suivre par le Directeur des chemins de fer de l'État. Nous ne croyons pas, du reste, qu'il soit possible de descendre en dessous des chiffres que l'on vient de citer, sans risquer de compromettre la sécurité, l'entretien du matériel et même le trafic.

Pour compléter les renseignements que nous avons donnés sur les dépenses et frais d'exploitation, nous avons établi un tableau comparatif des dépenses par rapport aux recettes, pendant les mêmes années 1874-1875-1876-1877.

DÉSIGNATION.	1874.		1875.		1876.		1877.	
	Par kilomètre.	Par train kil.	Par kilomètre.	Par train kil.	Par kilomètre.	Par train kil.	Par kilomètre.	Par train kil.
Total général des recettes du trafic..	fr. 5392 10	fr. 2,366	fr. 5462 44	fr. 2,408	fr. 6097 24	fr. 2,672	fr. 6514 55	fr. 2,844
Total géuéral des dépenses de l'exploitation proprement dite.......	3757 36	1,648	3645 58	1,607	3753 73	1,645	3909 22	1,706
Produit net des recettes du trafic, sur les dépenses de l'exploitation.....	1634 74	0,717	1816 86	0,801	2343 51	1,027	2605 33	1,137
Rapport pour 100 des dépenses de l'exploitation aux recettes du trafic.	69,68 %		66,74 %		61,56 %		60,01 %	
Total général des recettes de la Compagnie..................	fr. 5720 37	fr. 2,510	fr. 5657 27	fr. 2,494	fr. 6271 32	fr. 2,748	fr. 6754 44	fr. 2,949
Total général des dépenses de l'exploitation générale............	3995 32	1,753	3886 41	1,713	3985 25	1,747	4142 24	1,807
Produit net des recettes totales sur les dépenses de l'exploitation générale.	1735 05	0,757	1770 86	0,781	2286 07	1,001	2612 20	1,142
Rapport pour 100 des dépenses générales aux recettes totales de la Compaguie..................	69,84 %		68,69 %		63,54 %		61,32 %	

On voit que la proportion des frais d'exploitation par rapport aux recettes a toujours été en diminuant, mais qu'elle est encore de 60 pour cent des recettes; on peut néanmoins en conclure, que dans des conditions analogues à celles où l'on se trouve sur la ligne de Vitré à la baie du Mont-Saint-Michel, on pourrait arriver à la proportion de 50 pour cent de dépenses pour des recettes atteignant 9 à 10,000 francs par kilomètre, les frais de renouvellement en grand de la voie n'étant pas, bien entendu, compris dans ces chiffres.

Cette étude nous paraîtrait incomplète, si nous ne la faisions pas suivre de quelques renseignements généraux sur les recettes et le trafic de la Compagnie, pouvant au besoin servir de termes de comparaison avec des lignes similaires.

Nous donnons donc ci-dessous deux tableaux contenant les principales données statistiques sur les recettes et le trafic pendant les quatre dernières années.

Recettes de l'Exploitation (Déduction faite des Impôts et des Détaxes).

DÉSIGNATION.	1874.		1875.		1876.		1877.	
	Par kil. de ligne.	Par kil. de train.	Par kil. de ligne.	Par kil. de train.	Par kil. de ligne.	Par kil. de train.	Par kil. de ligne.	Par kil. de train.
Nature des Recettes.								
	fr.	fr.	fr.	fr.	fr.	fr.	fr.	fr.
Voyageurs....................	2060 60	0,904	2003 15	0,883	2249 47	0,986	2431 57	1,002
Bagages, Messageries, grande vitesse.	224 78	0,099	247 89	0,109	253 03	0,111	271 53	0,119
Marchandises en petite vitesse......	2904 72	1,274	2992 32	1,319	3329 25	1,459	3554 20	1,551
Bestiaux et accessoires de la petite vitesse....................	150 39	0,066	180 44	0,080	217 50	0,095	195 46	0,085
Magasinages....................	51 61	0,023	38 64	0,017	47 99	0,021	61 79	0,027
Total des Recettes du Trafic........	5392 10	2,366	5462 44	2,408	6097 24	2,672	6514 55	2,844
Recettes en dehors du Trafic....... (Domaine de la Compagnie, Intérêts de fonds disponibles, Recettes diverses, etc.)	328 27	0,144	194 83	0,086	174 08	0,076	239 89	0,105
Total des Recettes de la Compagnie..	5720 37	2,510	5657 27	2,494	6271 32	2,748	6754 44	2,949
Renseignements statistiques sur les Recettes.								
— VOYAGEURS. —	fr.		fr.		fr.		fr.	
Recette moyenne par voyageur.....	1,104		1,066		1,061		1,124	
Recette moyenne par voyageur transporté à 1 kilomètre............	0,0437		0,0437		0,0423		0,0426	
— TRANSPORTS EN PETITE VITESSE. —								
Recette moyenne par tonne transportée	3,005		3,252		3,069		3,157	
Recette moyenne par tonne transportée à 1 kilomètre.................	0,083		0,087		0,086		0,088	
Recette moyenne par tête de bétail...	1,482		1,470		1,457		1,536	
Recette moyenne par tête de bétail transportée à 1 kilomètre........	0,039		0,036		0,036		0,039	

RENSEIGNEMENTS GÉNÉRAUX SUR LE TRAFIC

DÉSIGNATION.	1874.	1875.	1876.	1877.
VOYAGEURS ET MARCHANDISES — Grande Vitesse.				
Nombre total des voyageurs	151.204ᵛ	152.193ᵛ	171.637ᵛ	175.262ᵛ
Parcours kilométrique total des voyageurs	3.819.622ᵏ	3.715.363ᵏ	4.302.058ᵏ	4.623.735ᵏ
Moyenne de parcours par voyageur	25ᵏⁱˡ.261	24ᵏⁱˡ.412	25ᵏⁱˡ.068	26ᵏⁱˡ.381
Nombre de voyageurs par train moyen à distance entière	66ᵛ.37	67ᵛ.10	75ᵛ.24	76ᵛ.50
Proportion % des trois classes, par rapport aux quantités totales, { 1ʳᵉ classe	1,90 %	2,06 %	2,09 %	2,05 %
2ᵉ classe	7,32 %	7,37 %	7,33 %	7,65 %
3ᵉ classe	90,78 %	90,57 %	90,58 %	90,30 %
Bagages (tonnage)	692ᵗ.925ᵏᵍ	712ᵗ.728ᵏᵍ	781ᵗ.112ᵏᵍ	827ᵗ.347ᵏᵍ
Chiens (nombre)	1147	1288	1242	1383
Messageries et marchandises en grande vitesse (tonnage)	375ᵗ.564ᵏᵍ	411ᵗ.742ᵏᵍ	415ᵗ.223ᵏᵍ	427ᵗ.118ᵏᵍ
MARCHANDISES EN PETITE VITESSE (TONNAGE).				
MARCHANDISES PETITE VITESSE ET BESTIAUX.				
Céréales, grains, farines, légumes secs, etc.	6.261ᵗ.102ᵏᵍ	8.002ᵗ.864ᵏᵍ	9.575ᵗ.210ᵏᵍ	9.076ᵗ.576ᵏᵍ
Vins, esprits, boissons	1.807.204	2.788.849	2.264.898	2.567.900
Sels et salaisons	2.174.223	2.146.090	2.253.873	2.365.243
Bois, pierres, matériaux de construction, etc.	15.903.113	19.249.001	24.456.625	26.907.210
Chaux, plâtres, amendements et engrais	10.855.141	10.671.130	11.200.091	13.416.715
Tangues de la baie du mont Saint-Michel	25.067.900	17.597.200	20.887.200	17.200.420
Combustibles divers	4.111.700	2.905.128	5.117.602	5.093.333
Marchandises diverses	9.478.802	9.104.492	9.421.268	11.630.178
Transports de service	2.640.732	1.451.732	2.680.332	2.260.083
Tonnage total des marchandises, petite vitesse	78.299.802	74.516.546	87.857.099	91.177.664
Tonnage des marchandises par train moyen à distance entière	36.268	34.933	40.863	42.045
Parcours kilométrique total des marchandises	2.826.885ᵏⁱˡ,5	2.779.305ᵏⁱˡ,3	3.111.167ᵏⁱˡ,7	3.250.280ᵏⁱˡ,7
Moyenne de parcours d'une tonne	36ᵏⁱˡ,10	37ᵏⁱˡ,30	35ᵏⁱˡ,41	35ᵏⁱˡ,65
Chevaux et Bestiaux. (Nombre). { Chevaux	387	505	392	817
Bœufs et vaches	4.620	4.367	5.091	5.062
Veaux et porcs	2.798	3.752	4.288	3.939
Moutons et brebis	322	389	287	326

A titre de renseignements, nous donnerons enfin les dépenses d'exploitation de la section de Vitré à Fougères, depuis 1869 jusqu'en 1873, mais nous ne saurions discuter ces résultats, n'ayant sur ceux-ci aucune donnée personnelle à fournir, puisque nous n'avons pris la direction de l'exploitation de la Compagnie que dans le courant de 1873.

Nous nous bornerons à faire remarquer que, bien que sur cette section, il n'y eût qu'une circulation de trains dits de *navette*, cependant les frais d'exploitation sont sensiblement plus élevés que ceux auxquels nous sommes arrivés depuis 1873, et que le chiffre toujours croissant des dépenses matériel et traction, dû en partie à l'augmentation des combustibles, doit être surtout attribué à ce que, pendant cette période, la Compagnie a dû faire faire à l'extérieur toutes ses réparations de matériel.

DÉSIGNATION.	1869.		1870.		1871.		1872.		1873.	
	PAR kilomètre.	PAR fr. kil.	PAR kilomètre.	PAR fr. kil.	PAR kilomètre.	PAR fr. kil.	PAR kilomètre.	PAR fr. kil.	PAR kilomètre.	PAR fr. kil.
Administration centrale. Frais généraux.	fr. 945 26	fr. 0,405	fr. 445 57	fr. 0,200	fr. 579 02	fr. 0,249	fr. 806 35	fr. 0,326	fr. 811 31	fr. 0,326
Mouvement du trafic.	1221 25	0,523	1209 83	0,545	1213 45	0,522	1102 40	0,446	1108 24	0,446
Matériel et traction.	1047 12	0,448	1164 23	0,524	1336 07	0,574	1640 30	0,664	1776 44	0,715
Voie et matériel fixe.	674 46	0,289	721 86	0,325	673 97	0,290	836 00	0,339	960 71	0,386
Total des dépenses de l'exploitation.	3888 09	1,665	3541 39	1,594	3803 11	1,635	4385 05	1,773	4656 70	1,873
Charges générales.	685 60	0,294	535 63	0,241	539 66	0,232	400 34	0,162	249 33	0,100
Total des dépenses générales.	4573 69	1,959	4077 02	1,835	4342 77	1,867	4785 39	1,935	4906 03	1,973

CONCLUSION

Les résultats obtenus dans la construction et l'exploitàtion de la ligne de Vitré à la baie du Mont Saint-Michel et que nous venons d'exposer en cette étude, nous semblent avoir leur importance, au moment où l'État entreprend la construction du réseau complémentaire de nos voies ferrées et même l'exploitation de certaines lignes secondaires. — En effet, on peut conclure des chiffres que nous avons cités que, dans les conditions moyennes où se trouvent la plupart des lignes restant à entreprendre, en se bornant à les construire surtout au *point de vue pratique*, sans vouloir exécuter de *grands travaux*, qui coûtent toujours fort cher, sans rendre pour cela plus de services, on pourra parfaitement se tenir dans la limite de 80 à 120,000 francs par kilomètre pour les dépenses d'infra et de superstructure. Mais nous croyons que ce but ne pourra être atteint que si l'État fait appel à l'Industrie privée, en favorisant la création de Compagnies chargées pour le compte de l'État et sous la direction de ses Ingénieurs, de la construction des lignes qu'elles devraient ensuite exploiter, et auxquelles serait abandonnée comme bénéfices, une partie des économies qu'elles auraient su réaliser sur les devis primitifs de construction. Ces Compagnies ayant à exploiter par la suite, à leurs risques et périls et dans des conditions déterminées, les lignes qu'elles auraient ainsi construites, auraient le plus grand intérêt à les établir dans les meilleures conditions possibles, ce qui serait pour l'État la plus sûre garantie de bonne exécution.

Ces Compagnies, opérant pour le compte de l'État, n'auraient besoin que d'un très faible capital et se borneraient pour ainsi dire, sous la tutelle de l'État, à leur rôle d'exploitant, sans avoir à se lancer dans des spéculations financières pour trouver une rémunération de leurs capitaux.

Quant à l'exploitation, ainsi qu'on l'a vu, on peut en assurer le service pour 4,000 à 4,500 francs par an et par kilomètre, sur des lignes dont le trafic ne dépasse pas 8 à 9,000 francs par an et par kilomètre, et qui peuvent être suffisamment desservies par trois trains dans chaque sens, ce qui est le cas le plus général.

Si, à ces dépenses d'exploitation proprement dites, on ajoute les frais de renouvellement de voies, qui, dans les mêmes conditions de circulation, peuvent être évalués à 1,000 francs par an et par kilomètre, on arrive à un chiffre de 5,000 à 5,500 francs qui peut être pris comme base d'une exploitation pour une période de 25 à 30 ans, pendant laquelle des renouvellement devront être exécutés.

Reste le matériel roulant et l'outillage de l'exploitation, qui peuvent être évalués à environ 15 à 16,000 francs par kilomètre de ligne suivant le trafic à desservir; si c'est la Compagnie d'exploitation qui le fournit, il y aura de ce chef à réserver l'intérêt et l'amortissement du capital engagé, soit 950 francs à 1,000 francs par an et par kilomètre, en comptant l'intérêt à 5 pour 100 et l'amortissement en 25 ou 30 ans.

En résumé, il nous semble donc démontré que l'État, en réservant ou en garantissant un revenu kilométrique annuel de 6000 à 6,500 francs, et en partageant avec l'exploitant l'excédant des recettes dans une certaine proportion, devra pouvoir assurer, dans des conditions très économiques et très satisfaisantes, l'exploitation de la majeure partie du nouveau réseau de nos chemins de fer français.

Novembre 1878.

Paris. — Imp. E. CAPIOMONT et V. RENAULT, rue des Poitevins, 6.

c dans
leurs

le ser-
lignes
mètre,
dans

te les
ns de
kilo-
t être
0 ans,

uvent
e sui-
qui le
nt du
mètre,
25 ou

ervant
6,500
s dans
litions
ajeure

Graisseur automatique pour cylindres et tiroirs de locomotives (Système Rollin)

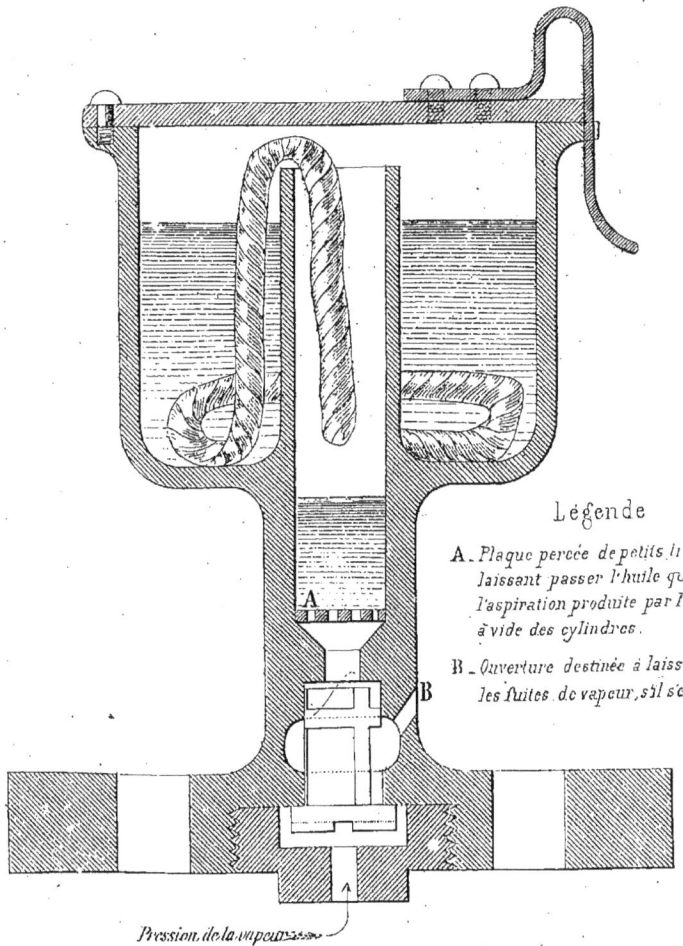

A

B

Légende

A _ Plaque percée de petits tr
laissant passer l'huile qu
l'aspiration produite par l
à vide des cylindres.

B _ Ouverture destinée à laiss
les fuites de vapeur, s'il s'e

Pression de la vapeur

Profil de la ligne de Vitré à Moidrey

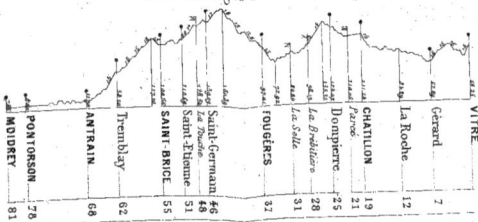

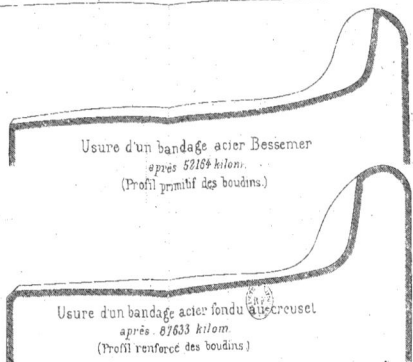

Graisseur automatique pour cylindres
et tiroirs de locomotives (Système Rollin)

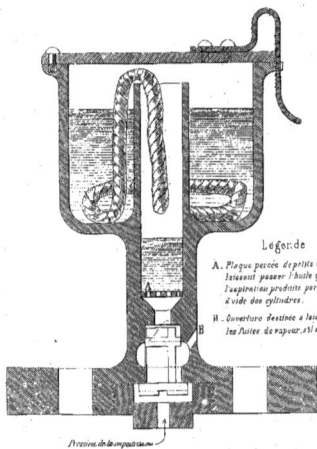

Légende

A. *Plaque percée de petits trous et ne laissant passer l'huile que pendant l'aspiration produite par la marche à vide des cylindres.*

B. *Ouverture destinée à laisser échapper les huiles de vapeur s'il s'en produit*

Pression de la composition

Usure d'un bandage acier Bessemer
après 52184 kilom.
(Profil primitif des boudins.)

Usure d'un bandage acier fondu au creuset
après 67633 kilom.
(Profil renforcé des boudins.)

(2790) J. Frêvin & Courtier, 45, R. de Dunkerque, Paris.

www.ingramcontent.com/pod-product-compliance
Lightning Source LLC
Chambersburg PA
CBHW071303200326
41521CB00009B/1890